洪平河 譯

黃文雄 著

Ko Bunyu の本

日本留給
台灣的
精神文化遺產

序　言

　　直到今天，還是有人把戰前日本在台灣和朝鮮的統治，當作是「絕對之惡」以及「日本的屠殺、破壞和壓榨之象徵」。今天的中國、南韓和北韓，對日本的這段「過去」還在不斷的譴責。不僅如此，日本國內的反日日本人和大眾媒體也聯合起來，怒氣沖沖的要求日本「一定要再反省」、「一定要賠償」。

　　但另一方面，台灣卻未像中國和南北韓那樣，大肆攻擊日本的過去，台灣對日本並沒有太多的譴責。在台灣，會對日本這段過去加以攻擊譴責的人，幾乎都是那些來自中國大陸的外省人和那些主張中國和台灣統一的統派人士。也就是說，大多數的台灣人都是喜歡日本人的，尤其是那些曾經受日本統治的老年人。

　　為什麼有這麼多的台灣人是親日的呢？

　　在南韓的李承晚時代，曾經高喊著要把日本的「殖民地遺產」全部清除掉。的確，之後的金泳三總統真的把朝鮮總督府這個象徵殖民地統治的建築物破壞掉。另一方面，就在金泳三總統破壞朝鮮總督府的時候，台灣的台北市議會也仿效南韓，提出了拆除台灣總督府的建議案。不過，在當時的

台北市長陳水扁的反對下，台灣總督府還是被當作台灣政治的中樞一直維持運作到現在，迥然不同於南韓的處理方式。

過去，日本在朝鮮半島和台灣積極的從事基礎建設，自總督府到政府機關、學校、醫院等大型建築物，以至於大水壩、發電廠、鐵公路、港灣碼頭、近代化城市、上下水道等等，朝鮮半島和台灣的人民毫無疑問在這段期間過著豐富且現代化的生活。關於這方面的詳細資料，由於在拙著的《日本人建設下的台灣》和《日本人建設下的韓國》中已有介紹，因此，在此不再贅述。這兩本書係根據原始史料，從客觀的角度來發掘日本人在台灣和韓國的所作所為，希望各位讀者能夠加以參考。

不管如何，相對於認識到這些基礎建設可以給自己帶來現代化和富裕的台灣人，韓國人卻始終不願意承認這個事實，究其原因，或許是韓國人長期以來被列強國家掌握生殺大權，以致產生自卑感所致。

然而，因為說是「日本殖民地的遺產」，所以無論如何都要破壞的想法是不對的，畢竟朝鮮總督府是南韓的歷史遺產，而且，它還是南韓戰後的政治中心與制定憲法的場所，因此，破壞朝鮮總督府就等同破壞自己國家的歷史遺跡一樣。南韓這個國家，每一次改朝換代都會像這樣徹底的毀滅前朝的歷史文物，這種習性應該是受到大中華王朝的影響。

不過，韓國和台灣如果把日本遺留下來的基礎建設都破壞掉的話，則很明顯的，它們又會回到以前的時代，甚至回到原始的社會。若從這個觀點來看，則韓國人只把總督府拆

掉就大叫是「民族的驕傲」，這種自以爲是的做法，即使被批評是兒戲也是應該的吧！

另一方面，戰後進駐台灣的中國國民黨軍隊，雖然沒有破壞日治時代的基礎建設，但是卻破壞了很多歷史紀念物，像樺山總督和兒玉總督的銅像、日治時代的石碑與神社，甚至還徹底破壞日治時代的墓碑。明石元二郎總督的墳墓，就被遷徙過來的中國人所佔據，上面還蓋了一間簡陋的小屋，墳墓前的牌坊則成爲小屋的柱子。

這些日治時代的紀念物被破壞之後，取而代之的，是台灣全島四萬三千座的蔣介石銅像。在面積狹小的台灣放置四萬三千座的偶像，等於是平均每一平方公里就有一座以上的雕像存在，台灣各地就如此這般的被蔣介石像俯瞰著。不過，當國民黨獨裁時代結束後，台灣人開始復原那些被破壞的日治時代的紀念物，明石總督的墳墓也被敬仰他的台灣人在別的地方重建起來。

相對於韓國人自己破壞日治時代的遺跡，台灣人卻正在設法恢復原來的風貌。的確，台灣人感謝那些帶來現代化的日治時代的基礎建設。但，台灣人不僅如此而已。

在基礎建設這麼簡單的一句話當中，其實是存在著眼睛看得到的東西，以及眼睛看不到的東西。對「眼睛看得到的基礎建設」，在拙著的《日本人建設下的台灣》之中已經有詳細的說明，讀者光是從這些有形的東西就可以充分瞭解，日本過去所留下來的「遺產」有多麼龐大。不過，除了這些物質上的基礎建設之外，日本還在台灣遺留下許多眼睛看不

到的東西。對這些精神上的東西，如果不加以說明的話，就無法瞭解為什麼台灣人會對過去的日本人這麼敬仰。

截至目前為止，就日本遺留在台灣的東西，從精神層面著手調查並論述的書籍幾乎沒有，因此，筆者才想要以這本書來加以說明。

在台灣，日本人曾經留下來的日本文化，以及日本人的美學、美德和價值觀等觀念，一直到今天還是活生生的存在著，主要的核心「大和魂」和「武士道精神」也還是遺留著。本書將會從這個觀點來探索日本人在台灣留下來的精神性遺產。同時，本書也將一面介紹受日本影響最深的文化、文學、語言、美術、博物學、資金和技術等方面，一面解釋台灣人之所以能夠接納的背景及其對武士道精神所產生的共鳴；甚至也會比較日本人和中國人統治台灣時的兩種不同個性，以發掘日本人讓台灣人產生共同感的原因。

或許有讀者會覺得奇怪，為什麼作者今天還要提出「武士道精神」這個古老且封建的觀念呢？其實理由相當簡單，無非是想要讓目前正在喪失「武士道精神」的日本人，能夠在這裡重新認識到：今天台灣的繁榮，主要就是因為有日本遺留下來的「武士道精神」。

有關日本精神核心的「武士道精神」，已經在山鹿素行的《山鹿語錄》、山本常朝的《葉隱》、井澤蟠龍的《武士訓》和大道寺友山的《武士道初心集》等江戶時代的武士處世訓之中有所敘述；而且，除了宮本武藏的《五輪書》外，福澤諭吉、內村鑑三、新渡戶稻造等先賢，也留下了有關武

士道方面的書籍和解說。這些也都是筆者在70年代初期最喜歡看的書。

即使是在台灣，「大和魂」和「武士道精神」也經常被提及。最近，台灣前總統李登輝的《武士道解題》這本書也在日本出版，並成為大家討論的話題，可見，對武士道的敬仰絕不是日本人的專利。不僅如此，筆者一直認為武士道是亞洲共通的精神性財產。

不過，當談到武士道時，雖然經常被解釋為儒家思想中的「仁義禮智信」的「五常」，和被解釋為人際關係的君臣、父子、夫婦、兄弟和朋友之道的「五倫」中的「孝」與「悌」，但筆者總是無法同意這些論調。為什麼呢？因為，在中國的「五倫五常」之中，並沒有將武士道核心的「誠」、「眞」和「美」包含在內，而且，講求現實的中國人本來就不認為有武士道精神的存在。不僅如此，「仁義禮智信」也只是書上寫寫而已，在現實的中國社會之中是不存在的。

在江戶時代，由於朱熹學已成為日本的國學，因此，無法否認，每當要將武士道予以理論化時都會受到儒家思想的莫大影響。所以，所謂「武士道」或「武士道精神」，其實是和儒家的「五常」、「八德」（忠孝、仁愛、信義、和平）這些空洞化的概念不太有關聯的。

比較適當的說法應該是，「武士道精神」是從最接近身邊的日本文化所產生出來的東西。換言之，就是和「不能說謊」、「要正直」、「應待人親切」、「多為人著想」、

「不要做卑鄙的事」、「須遵守諾言」和「愛護弱小」等做人的道德有關，不是嗎？

　　戰後的日本，是從戰敗的廢墟之中爬起來，並在不知不覺中變成讓全世界瞠目結舌的經濟大國。然而，在食衣住行無缺的繁榮過程之中，日本人也不知不覺的失去了禮節和榮辱，不是嗎？究其根源，就像筆者經常指出的，這是跋扈的市民主義思想造成國民主義思想衰退所致。戰後的日本人，徹底失去了自豪和氣概，也因喪失武士道精神而沒有魂魄。而且，在充滿疑心病的同時也變得怯懦，對社會沒有責任感，也似乎失去了對別人的關心。如果照這種狀況發展下去，則不僅不是國民之道，而且也會脫離「人類之道」吧！這就是今天日本各種問題的根源所在。

　　正因為如此，所以現在的日本人想要重新見識武士道精神，也想要知道日本人失去的武士道精神如何在今天的台灣真實的繼續呼吸著？為什麼武士道精神能依然在台灣存在並放射出燦爛的光輝呢？本書就是要詳細敘述這些東西。

黃文雄

目 次

第五章 在日本時代中誕生的台灣文學

第六章 中國人破壞日本人建立的共通語言

第七章 捏造台灣史的中國人

第八章 台灣管轄權的歷史真相

【第一章】

台灣人敬愛的
「日本之心」

◎台灣人繼承的「日本精神」

台灣話的「日本精神」，以漢文表示時就是「日本精神」這個字。這句台灣話早已在台灣各處落地生根，從這句話之中，讓人聯想到的是勇氣、勤勞、誠實、乾淨、戮力從公、法治和傳統美德等正面價值。但是，在原產地的日本，這句「日本精神」到底會讓人想到什麼呢？不就是軍國主義、侵略和屠殺等虐待性的形象嗎？換言之，在台灣所傳承的是一種既古老又優良的日本精神，但在日本卻是完全相反的負面形象。因此，現在以日本話來說日本精神，和以台灣話來說日本精神相比較，就出現了完全不同的意義和語感。

因此，日本從90年代開始，就有一部分的人認為應該把負面形象的日式日本精神，修正為具有正面意義的台式日本精神。

2002年10月，台灣前總統李登輝接受慶應大學學生社團「經濟新人會」的邀請，準備在11月4日抵達日本，在「三田祭」中以「日本人和日本精神」為題進行演講。不過，由於一部分的政治家和中國專家對慶應大學施壓，因此，李登輝的演講也被迫取消了。

其實，李登輝的演講稿早已出爐，《產經新聞》在11月19日的新聞中刊登了這篇無疾而終的演講稿的全部內容。某家高中學校的校長看到這篇報導後非常感動，把它推薦為參

考教材。

　　李登輝想要演講的內容，主要是八田與一的事情。

　　八田與一是日治時代建設烏山頭水庫（嘉南大圳）的有功人物。當時，台灣還沒有大型的水壩，經常會遭受到天災的嚴重侵襲，但八田的水壩完成之後，周圍的農民生活受到了保護，同時也讓當時一文不值的嘉南平原的耕地變成了良田，肥沃的土地讓地價總額暴漲到一億日圓左右。當時的一億日圓是一筆非常大的數目，日本佔領台灣初期為了抗日游擊隊和傳染病大傷腦筋時，就曾經在帝國會議上考慮將台灣以一億日圓賣給法國。

　　之後，八田在前往菲律賓視察棉作灌溉的途中，他的坐船遭到美國潛水艇的襲擊，八田連船一起沉沒海底，葬身魚腹，這時他是56歲。而八田的妻子，在日本戰敗後，因懷念丈夫而縱身烏山頭水庫的出水口，結束了45歲的生命。今天，在烏山頭水庫的一個角落上，興建有讚揚八田與一功績的肖像和他們夫妻的墳墓，詳細情形可參考拙著的《日本人建設下的台灣》（德間書店）。

八田與一與妻子八田外代樹

在李登輝的演講稿之中，這樣敘述著：

> 戰後的日本，全盤否定了日本精神特有的指導理念和道德規範這些珍貴的東西，認為日本過去的所作所為都是錯誤的，且朝著「自我否定」的道路狂飆。或許，過去日本在政治、教育和文化等方面曾犯有一些錯誤，但我相信這個國家還是有許多非常優秀、非常值得敬佩與學習的地方。

在這篇敘述之中，李登輝除了憂心日本具有完全「自我否定」的傾向外，也對今天失去自豪、失去自信的日本和日本人感到痛心。同時，對八田與一建設水壩所帶來的巨大貢獻，他也捫心自問，到底從中感受到了何種日本精神？

對這個問題，李登輝提出了三個答案。

第一，可以在八田與一的身上看到崇高的形而上的價值觀和道德觀。也就是說，可以從八田與一完成大事業的態度上看到：他如何一面在國家百年大計中清廉自持，一面也對日本的未來世代提出了「人類究竟應該如何生活？」的指導哲學和理念。這就是「公而忘私」的精神，而這也是日本和日本人原來的精神價值觀。

第二，這教導我們應該如何把傳統和進步這兩種相反的概念加以調和。現在的年輕人，太偏向物質面，只注意表面的進步，看不見做為大前提的傳統精神和文化的重要性。八田在烏山頭水庫（嘉南大圳）的興建工程中，不斷的適度調整

傳統的東西和進步的東西，雖然採用新工法，但也沒有忘記關心農民的生活。這就是傳統價值觀的「公義」，換言之，就是「社會正義」（Social Justice）的觀念，而這種「公義」正是日本精神的本質。

第三，台灣人到現在還是很尊崇八田夫婦的豐功偉業，並從他的精神層面上看到重義、誠信以及率先垂範、身體力行的日本精神。日本精神不是只在口頭上說說而已，而是要以真心誠意來實行的，日本人教導的這種日本精神，台灣人直到現在還是繼承著它的優點。

以「公而忘私」、「公義心」、真心誠意來率先身體力行，就是李登輝所說的日本精神。再者，愈是國際化的時代，愈會捫心自問：「自己是什麼人？」在進行這種自我認同的時候，最重要的就是日本精神這種道德體系。因為，日本精神正是今後各個時代中不可欠缺的精神基礎，而這也是李登輝想要喚起日本人重新思考的東西。

◎戰後的日本人為什麼失去「武士道精神」？

日本有很多所謂的「反日日本人」，他們完全否定日本的過去，其中，有很多人認為存在於台灣的親日台灣人不是一件好事。同樣，這些親日台灣人在台灣也受到強烈的指責，尤其是受到那些主張和中國統一的統派人士的指責，說他們是向日本拋媚眼的「媚日派」、「漢奸」和「賣

國賊」。縱然如此，依舊毫不避諱的反駁說自己不是「親日」、而是「愛日」的台灣人還是不計其數。

對反日的日本人來講，這些「愛日」台灣人的存在頗爲麻煩，爲什麼呢？因爲，「愛日」的台灣人全盤否定了反日日本人的言論，對反日的言語不會採取同樣的步調。

例如，以靖國神社的參拜來講，雖然反日日本人指責「靖國神社」是侵略亞洲的象徵，但「愛日」的台灣人卻還是熱情的到靖國神社來參拜，尤其是那些日治時代的舊軍人和軍職行政人員更具有強烈的傾向，因爲他們曾經是與日本人共同奮鬥的同志。

再說，反日日本人無論怎麼強調日本的國歌和國旗是「侵略的象徵」，「愛日」的台灣人都不會像中國和南韓那樣採取配合的步調，對教科書提到的日本軍的侵略、屠殺和壓榨殖民地等「滔天大罪」的問題，「愛日」的台灣人也完全不認同。不僅如此，台灣還編輯了一本《認識台灣》的中學社會教科書，肯定三分之二的日本統治台灣時期對台灣的近代化有重要貢獻。

不管反日日本人怎麼否定日本，親日的台灣人還是堅持戰前的日本人是非常優秀的。不過，他們所敬愛的是戰前的日本人，對戰後出生的反日日本人，他們只當作無知的傻瓜來看待。按照親日台灣人的說法，戰前的日本人不僅具備誠實、勤勞、勇敢和強烈的責任感，更是充滿著大公無私精神的愛國者，而其思想的根基無非就是日本精神。親日派台灣人對這種日本精神依舊相當懷念。

　　但，戰後的日本人不僅否定傳統精神和傳統價值，甚至連傳統文化也都徹底的捨棄掉、或正想捨棄掉。例如，把「武士道」說是侵略的根源，而不是古封建社會的遺風；又例如，高中棒球隊如果把「文武雙全」當作座右銘的話，就會受到大眾媒體的批評，因為學「文」是很好，但練「武」卻是不行的，即使是運動項目也不能學習和修煉「武」的精神，而且，學校也應講求極端的平等思想，不能有競爭精神的存在。在這種風潮下，結果就是孕育出懦弱的戰後日本人。

　　日本人本來就有自我否定的傳統與傾向。回顧日本的歷史，不難發現日本雖然沒有像中國一樣的改朝換代，但是卻有數次的文化性或文明性的大變革，像大化革新和明治維新就是最典型的例子。

　　中國的改朝換代只不過是覬覦政權者的家族性政變而已，即使成功也只是反覆上演著一齣同樣的新舊政權交接戲碼，根本和「革命」扯不上關係，本質上是屬於復古、向傳統回歸的行為。相對的，日本的「革新」和「維新」，則可以說是凌駕於「革命」之上的「文明改宗」。

　　日本每一次面臨危機時，都會發揮日本人特有的柔軟性，來完成革新和維新的大變革。所以，就這一點來看，日本人其實是擁有因應變革的優秀天賦能力。但另一方面，日本人也會將傳統的精神和文化的價值觀保留下來。

　　明治維新後的日本，雖然不斷實施「文明開化」和「脫亞入歐」的歐化政策，但仍然無法完全擺脫日本的大和魂

主義，反倒是，還逐漸強化了日本的傳統精神，並在日清戰爭、日俄戰爭和大東亞戰爭之中充分發揮出來。

然而，第二次世界大戰之後，不曉得什麼原因，日本竟變成了一個否定傳統精神和傳統價值觀的社會。一般認為，美國的佔領政策讓日本弱化可能是原因之一。不過，戰後的日本之所以能夠達到高度經濟成長，難道不是因為日本人並沒有完全失去日本精神的緣故嗎？日本即使遭遇到國外的嚴重打擊，也都能夠創下高度經濟成長的歷史記錄，所以，日本國內不用說，國外也出現了很多向日本學習、對日本的傳統文化有高度好感的聲音，換言之，日本即使在美國的佔領下，日本精神也一直沒有消失。

目前，否定日本傳統的精神、文化和價值觀的風潮正在日本盛行，究其原因，或許是高倡「世界革命」、「解放人類」和「消滅國家」的馬克思與列寧主義的思想在戰後大幅擴散所致吧！尤其，隨著東西冷戰時代和東亞赤化，對於馬克思與列寧主義的最後防線只剩下韓國、日本和台灣，但這時候的日本社會，卻對「大正民主化」之後傳承下來的傳統瀰漫著一股否定的氣氛。

在這個戰後日本社會的思想空白期，具有革新思想的日本知識份子，開始透過教育和大眾媒體來掌控日本的思想界，然後，就像遭到烈火襲擊的原野一樣，在整個日本社會急速地擴散開來。接著，中國也隨著世界環境的變化，從文化大革命走上了改革開放的路線，使世界革命的潮流向後退縮，取而代之的，是政治、經濟、社會和文化的國際化與全

球化的抬頭，如此一來，更加速了日本否定傳統的速度。

　　日本人不只在尋求認同（Identity），還吸收了全球化主義，於外向導向之中不得不否定傳統的精神、文化和價值。開國維新之後的日本，雖然以二十年為週期不斷的反覆進行歐化和本土（外向和內向）的循環，但是今天不管怎麼看，大和魂主義似乎都失去了反擊能力。

◎沒有武士道精神就不可能有日本的 近代化

　　日文所謂「滅私奉公」和「義勇奉公」之中的「公」，係指天皇和國家，而所謂公家，則是指在朝廷中擔任服侍工作的人，和武家是有所區別的。至於中國，則將在朝廷中擔任服侍工作的人稱為「朝臣」，沒有公家這種說法。

　　日文中有趣的地方是，即使是相同的「奉公」（譬如不是指天皇或朝廷的「丁稚奉公」），也可以將它用在服侍主人之事上，換言之，日本人所謂的「公」也有服侍主人或別人的意思存在。另一方面，中國的「公」則不是純粹為了別人，其中也包括自己在內。

　　日本進入二十世紀並成為現代國家之後，日本人仍然擁有楠木正成和楠木正季兩兄弟所說的「七生思想」（即使七次投胎也要為消滅天皇的敵人而戰的精神）。日俄戰爭中負責蘇俄後方騷擾任務、以及在旅順戰役中非常活躍的廣瀨武夫中校，他最後所留下的一句話也是「七生思想」。之後，「七

生思想」竟成爲日本人的口號，日本的將士們都把這句話記在心上，在各地的戰場上不惜犧牲生命，讓日本的神風精神到處飛揚。

在中國，「死而後已」的觀念被認爲是「忠」的表現，在諸葛孔明的〈後出師表〉中曾經出現過，意思是說「到死也不停止」，並藉此向君主表達忠肝義膽、以死明志的精神。不過，如果從反面來看的話，則也有「死了就結束」的意思。所以，比起七次轉世投胎也要報效國家的「七生思想」，「死而後已」其實正反映出中國人非常現世面且現實性的思想。

中國人的「忠」，代表儒家思想中的現世面的忠義精神，只存在於今生今世之中，當然，這也和中國沒有來世的思想有關。佛教思想雖然早在漢朝末年到三國時代（220～280）就已進入中國，但卻一直到南北朝時代（420～589）才大致底定，不過，過了唐朝之後卻又開始衰退。

主張輪迴轉世的佛教，之所以無法在中國生根，主要是因爲中國人是世俗性且現實性的民族，因此，死後或來世，甚至於靈魂或神明等這類東西，都被中國人從思想中切除下來。遠溯到二千多年前，連孔子也說：「敬鬼神而遠之」、「不知生焉知死」，還是緊緊抓住現世生活不放，認爲沒有必要去思索死亡這種形而上的東西。同時，爲了希望現世生活可以無限持續下去，「仙人思想」遂應運而生。

另外，相對於西洋人認爲人類是由神所創造的，日本人卻有人類是自神所生、死後成神的信仰。然而，中國人卻最

忌諱死亡，執著於永生的願望之中，因此，才會產生生命可以無限延長的仙人思想。

有人認爲日本明治維新的成功，應歸功於武士「自我犧牲」的精神。武士階級的確是武士社會或幕府體制的支柱，但近代民主國家的形成，則有賴於人人平等和封建階級制度的崩潰，這種情況意味著武士階級的崩潰，封建時代也因廢藩設縣和廢刀令而終結。

如此這般，日本在武士階級的自我否定、亦即自我犧牲的精神之上建立了一個現代化的民主國家，這是多麼純潔的自我犧牲的精神！這種自我犧牲的精神到底來自何處呢？

源平的武士之所以不怕死，其實跟他們的淨土信仰有很大的關聯。由於受到極樂淨土往生思想的影響，因此，武士都有「視死如歸」的想法。另外，在戰國時代，不管是淨土眞宗的反抗事件、或是信奉基督教的農民「天草之亂」，也都可以看到以身殉道的精神。正因爲如此，武士變成了強者。

戰後的日本，「人命重於地球」的觀念非常普及，使人類的精神世界爲之一振，對此，精神分析的祖師佛洛伊德分析說：「最可怕是最後要面對死亡的恐怖。」但是，日本的武士道卻大幅超越了往生思想而成爲了一種美學，誠如《葉隱》書中所說，武士的天職就是「死亡和習於死亡」。對死亡不感到害怕，可能是因爲領悟到了有比死亡更有價值的東西存在。

正因爲具有這種精神，所以，日本可以克服國外艦隊逼

迫通商的危機，找到做爲現代國家的必要建國條件，貫徹大公無私的精神，進而成爲日本精神的根基。

◎現在的「否定傳統」將使日本滅亡

那麼，爲什麼戰後的日本人會很乾脆地把傳統文化和傳統精神丟掉呢？主要原因是，他們受到日本市民民主運動人士的影響。因爲戰後的日本市民運動的最大敵人，就是傳統文化和傳統精神。

對戰前的日本來講，國民主義運動和國家主義運動的目標，是在建設一個明治維新以後的現代國民國家，因此，第二次世界大戰中的國民總動員運動，以及韓國、台灣的皇民化運動都是其中的一環。這就是日本最大的國家目標。

然而，日本戰後的市民運動，卻成爲國民主義運動的「反題」，淪落爲以反國家主義運動爲目標。日本戰後的市民運動，是以否定國家和進行世界革命爲目標，而爲了要讓它的意識形態（Ideologie）得以成立，否定日本的傳統文化和傳統精神就成爲必要的前提。

市民主義的基本理念是強調各自的特性，所以，如果合理主義和個人主義成爲價值觀的主流，那麼，日本傳統的「大公無私」精神自然而然就會被否定掉，不用說就變成了「大私無公」。

明治維新之後的日本，的確也有高倡「小國主義」的主張，但是，那只不過是謬論罷了，如果對照當時的世界情勢

來看的話則更加明白。第二次世界大戰以前的世界，的確是
萬國對峙、列強競爭的時代，不是小國家可以存活的時代。
在這種時代中，小國家若不是瀕臨民族滅亡的危機，就是淪
落爲大國的殖民地。

　　在這種列強割據的時代，所有的民族和國家都是以強
國爲志向，都想成爲五強或二強的伙伴。如果無法如此，
那麼，至少也要擁有一個或二個殖民地才行，即使是像比利
時、丹麥這種小國家，也有這種想法。

　　進入列強時代之後，從中世紀掙扎過來的都市型國家，
已經無法繼續苟延殘喘下去。西羅馬帝國衰亡後，即使是歌
頌青春年華的威尼斯，也在公民投票的大多數決之下，選擇
了和義大利合併的道路，這是因爲國民主義、國民國家和領
域國家等意識形態作祟所致，市民主義的都市型國家幾乎失
去了它的吸引力。

　　日本在象徵列強國家衝突的第二次世界大戰之中吃了
敗仗。過去，日本從來沒有在戰爭中有過這種體無完膚的敗
仗經驗，也從來沒有體驗過戰敗後的實際衝擊。如果勉強說
日本以前也有敗仗經驗的話，則應該追溯到唐朝與新羅（朝
鮮）結盟時代的白村江之戰。

　　正因爲如此，所以日本很難從第二次世界大戰的戰敗
衝擊下重新站起來。由於衝擊非常嚴重，因此，那時候提倡
的國家主義立刻遭到圍剿，想讓國家消滅的反日主義大幅抬
頭，接著，主張市民主義的運動份子就像雨後春筍般急速增
加，日本的大眾媒體和教育領域都被這些人霸佔住。

◎人類最高倫理道德的「日本精神」與最低的「支那人本性」

　　和筆者同一世代的台灣人，唸小學時，低年級是受日本教育，但自高年級起卻徹底接受國民黨政府的「反日教育」。像這樣，對台灣最後的「日語族」來講，國民黨政府的「反日教育」似乎不是那麼有效，爲什麼呢？因爲，除了當時日本教育的基礎穩固外，台灣的社會環境在1960年代之前，也還有誠實、公正和勇敢等正面評價的所謂日本精神的存在。

　　反之，不正當和不道德等負面評價的東西，則被稱爲是「支那人本性」。在今天的日本國內，雖然並不常聽到「支那」這句話，但是，台灣在90年代解除戒嚴、言論自由化之後，「支那」和「支那人本性」卻經常在收音機之中聽到。

　　譬如，台北的TNT（寶島新聲）廣播電台，就偶而會直接播放遠在日本的筆者的國際電話現場訪問，由於節目的主持人連續提到「支那人、支那人」，因此，連筆者有時候都覺得不曉得如何回答。從這一點看來，台灣在這一方面的表達比日本自由了許多。

　　對「支那人」這種稱呼，今天的中國人雖然感到厭惡，但在二十世紀初期時卻覺得是一種驕傲。例如，孫文和梁啓超等人就很自傲的使用「支那」這個字；清朝第一位女留學生、號稱「鑑湖女俠」的革命烈士秋瑾（1875～1907），同時

也是一位著名詩人，也在詩詞中自譽爲「支那第一女」；另外，曾經擔任孫文秘書的詩人柳亞子，甚至把孫文和毛澤東兩人褒獎爲「支那兩列寧」。

到底在什麼時候中國人開始厭惡「支那」這句話呢？不管怎麼說，也不能因爲厭惡就強迫外國人不能提它，這樣未免讓人覺得傲慢無禮吧！何況，對英語的「China」和法語的「Chine」、「Chinois」，中國人不但一句話也不吭，反倒在參加奧林匹克等國際大會的選手制服上大剌剌的印上「China」的字樣。自己如此，但卻嚴格禁止日本人使用「支那」，中國人這種只對日本人「發號施令」的行爲，名符其實的把「支那人本性」全部暴露出來。

2003年1月，台灣出版了《日本精神與支那人根性》（三文印書館），作者是甘火文老先生，他曾經擔任過日本陸軍的軍醫。讀過這本書之後，令人驚訝的是，書中的描述竟然和筆者學生時代的想像完全相同，不，應該說他以更淨化的形態解釋了日本精神，相對照之下，頹廢的支那人本性被徹底的貶損了一番。

這本書約有三百七十頁左右，整本書都在敘述日常生活、訴訟、政治和社會中的日本精神和支那人本性的差異之處，同時，書中也對台灣受支那人本性的污染感到憂心，因爲甘先生對台灣擁有但卻逐漸消失的日本精神非常欣賞。甘先生在書中，也針對日本精神和支那人本性的不同點編製了一張比較表（第七十一頁），茲介紹如下：

日本精神的國格，是萬世一系、為民謀福、明治維新、尊王、攘夷、大政奉還、教化、開發、圖強；而從支那人本性所產生的國格，則是朝代輪替、一己之私、動輒誅滅九族（整肅）、黨國不分、黨庫通國庫、虛假的政權、秋海棠地圖。

從日本精神培養出來的官吏，是公義、公正、公平、正直、服務至上、尊嚴、使壞人無法生存；但從支那人本性所產生的官吏，卻是無法、不法、違法、假公濟私、升官、發財、刁難、斂財、集體貪污、舞弊、是非不明、黑白一體、回扣、浮報、嘴裡同胞、手抓紅包、使好人無法生存。

另外，對司法、警察、軍人和工商業中的日本精神和支那人本性，他也做了比較：

日本精神知道奉公守法、有禮儀廉恥；而支那人本性則是無法、無天、獨善、傲慢無恥、無禮、說謊、賭博、竊盜、流氓、搶劫、綁架、勒索、殺人、放火、走私、販槍、販毒、假鈔、假藥、貪婪、淫亂、拜鬼。

就這些比較看來，人類最高的倫理道德全部集中在日本精神之中，而其相反的一面則成為支那人本性，這就是甘

先生的日本精神觀。而且，更有趣的是，甘先生說日本精神的根源是萬世一系的天皇制度，所有的東西都是從這個制度產生出來，而窮凶極惡的支那人本性則是來自於中國人的改朝換代。有關這一點，甘先生的說明是這樣：改朝換代後的中國社會，生存競爭變得非常激烈，為了要在這樣激烈的競爭環境中存活下來，遂產生了不需要良心和良知的「生存哲學」。

　　雖然不知道甘先生的年齡有多大，但從甘先生在筆者出生之前就已經擔任日本陸軍軍醫這件事推算，大概是八、九十多歲的人。嚴格說來，這本書是甘先生的自傳，不過，他說明了很多日本精神和支那人本性的實際經驗。

　　戰後的日本人，談到日本精神時，雖然馬上會聯想到「反動」、「右翼」和「軍國主義」，但這些都是從反日媒體的意識控制（Mind Control）之中產生出來的東西，完全是戰後向「支那人本性」拍馬屁的另一套政治劇本。這是甘先生對日本精神原貌所作的刻劃。

　　下面的故事，則是甘先生從中國學者聽來的，這個幽默故事把支那人本性發揮得淋漓盡致：

　　某家餐廳進來一位白人，叫了一碗拉麵，拉麵裡有一隻蒼蠅，白人看見碗裏有死蒼蠅，不吃就走了；碰到相同情況的日本人，把蒼蠅撈在一邊，把麵吃完就走了；但中國人，首先把蒼蠅撈起來，慢慢把麵條吃得精光後，再把蒼蠅放回碗裏，才與老闆理論說：「我吃了死蒼蠅的麵，肚子痛起來。」強硬拿到賠償金後才走出餐廳。這就是典型的支那人

本性。

　台灣受日本統治雖然只有短短的五十年，但為什麼台灣人卻被日本精神浸透得這麼徹底呢？如果以曾經流行的「風土論」來講的話，那麼，應該是台灣和日本都是海洋國家之故吧！但實際的原因不只是這樣。一般認為，除了政治和經濟制度等主要原因外，台灣的社會體制也和中國完全不同，台灣的社會結構和文化形態比較接近日本。

　正因為台灣有這樣的土壤，所以，日本精神可以在五十年內於台灣扎根。戰後的日本人，對警察和軍人的印象雖然不是很好，但在台灣，現在還是相當尊敬日本的警察和軍人。日本警察之所以受到每一個人的尊敬，主要的原因是：「絕對公正、公平和公義，宛如守護神一樣，具有令人信任的風格，而且充滿著愛國與愛民之情。」甘先生在上述的書中這樣說。

　戰後，來到台灣的國民黨政權實施嚴格的政治制度，亂七八糟的中國警察也在台灣大搖大擺，這些現象對日本精神在台灣向下扎根有很大的幫助。戰後，把台灣視為自己所有而四處徘徊的中國警察，會向一般民眾敲詐勒索，買東西時也絕對不會付錢。隨著這種日常習性的養成，相較於日本警察，當然會讓台灣人覺得日本警察更加難得！

◎中國人的「詐」和日本人的「誠」

　「日本精神」或「大和魂」這些詞句，雖然在戰後成

為諷刺和嘲笑的對象，但是不管它們怎麼被評價，它們依舊
是日本人的代表性精神；另一方面，縱使說中國有「支那人
本性」，但卻沒有代表中國的精神。為什麼有「日本精神」
卻沒有「中國精神」呢？再者，為什麼有「中華思想」這種
一般性的詞句，但卻很少聽到「日本思想」這種話？為什麼
呢？因為，在中國雖有儒家思想和道家的老莊思想，但在日
本卻沒有聽過代表日本的「○○思想」。縱然如此，也不表
示日本人沒有思想。

　　除了江戶時代的國學是代表日本的思想外，日本也發
展出自己獨特的佛教哲學，像最澄、空海、道元、日蓮、法
然和親鸞等人的佛教哲學就是非常卓越的東西，只不過，要
把這些東西充當是「日本思想」卻還是不夠，猶如包括筆者
在內的一些上了年紀的台灣知識份子雖然非常喜歡「西田哲
學」，但也不能因為它是卓越的思想就把它當作日本思想來
看。

　　另一方面，在今天的中國，雖然儒家思想和老莊思想
已經沒有明顯的影響力、且正在被馬克思列寧主義和毛澤東
思想所取代，但還是沒有聽說過有中國魂或中華精神這種東
西的存在。中國人從春秋戰國時代開始就非常的世俗化，經
常把「敬鬼神而遠之」和「不知生焉知死」掛在嘴上，是一
個功利性和現實性的民族，因此，當然不會有精神和魂的存
在，不是嗎？因為，如果沒有神祇信仰的話，則心靈也就沒
有寄託，因此在沒有神祇信仰的人的心中就不可能有精神
的存在。所以，相信神祇的日本，比較注重「○○精神」和

「○○魂」的表現，而不相信神祇的中國人則有「○○思想」。

之後，隨著時代的發展，中國的世俗化愈來愈功利性，精神也愈來愈頹廢，這也就是爲什麼「支那人本性」會被蔑視的原因。其實嚴格來講，說中國完全沒有「中國精神」和「中國魂」是不正確的。在中國的文革時代，就曾經頻繁的強調「延安精神」，共產黨在國共內戰時被追趕到延安，一面伺機反攻一面忍耐的這個精神，即使到今天還是被奉爲革命精神的圭臬。或許爲了對抗這個精神，台灣的中國國民黨政府也從中日戰爭時的臨時政府所在地重慶獲得靈感，提出了「重慶精神」來一別苗頭並到處宣揚。不過，不管是「延安精神」或「重慶精神」，充其量只不過是被追趕到窮鄉僻壤的「逃亡」事情，把「三十六計走爲上策」當作信條或最高價值，稱不上是一種「精神」，從日本的武士道精神來看甚至還是「恥辱」。

以中國文化怪傑聞名、精通十國語言並被孫文和林語堂稱讚英語能力是中國第一的辜鴻銘，有一本名著叫做《中國人的精神》（原著名稱爲*Spirit of Chinese People*），這本書已被翻譯成數個國家的語言。但辜先生所說的「中國人精神」，係指「春秋大義」的儒家思想而言，也只不過是傳統文化和社會道德的東西而已，何況，這種傳統文化和道德在現在中國的實際社會之中並不存在，如果借用柏楊先生的話來說，中國人的道德心是「只充滿在書本之中」。

筆者在將近四十年的日本生活之中，擁有慢慢觀察日本

人，並和中國人仔細比較的機會。如果把筆者所發現的不同點直截了當的以一句話來說明的話，就是：相對於日本人是「誠」的民族，則中國人是「詐」的民族。

日本人的「誠」，雖然只是指誠實、正直和真心等簡單的事，但中國的那些「有德者」卻還是無法擁有這樣的心地，而且，在三千年來的「四維八德」（禮義廉恥的四維和忠孝仁愛信義和平的八德）和「五倫五德」（仁義禮智信）的道德大規範之中，也缺少了「誠」這個字。

在中國的社會，「誠」是一種累贅，誠實和正直都會有招來殺身之禍的危險，因此，為了要在社會中生存下來，「詐」（欺騙與陷害）比什麼東西都重要。換言之，在中國存有「誠」念的話，那就等於宣告「你已經死了」一樣。甚至於，在現代的中國，也還有「有能的人會早死」和「有良心的人會孤立於社會」的俗話。

反之，「誠」為什麼會被日本社會重視呢？因為，日本分別在近世接受了儒教的道德、在近代接受了基督教的倫理觀。和辻哲郎在《日本倫理思想史》之中，把日本古代人的道德觀稱為「清明心的道德」，把中世紀的武士社會的道德觀稱為「獻身的道德」。

日本自明治之後，雖然變成強調「忠君愛國」的時代，但不可否認的是，戰後這種為國獻身的想法已被排除在道德項目之外，不僅如此，還特別強調了很有可能否定日本文化的「反日」。

和辻先生所說的「清明心」，係源自於向神明祈禱發誓

時的「明淨坦率之心」，絕不容許「說謊」和「欺詐」，就和基督教一樣，係從人心發出來，對神明的祈禱，每一個人必須向神明坦白的告白和懺悔以獲得靈魂的救贖。況且，為了向居住在自然山川中的神明祈禱，身心也都必須保持潔淨的狀態，猶如俗話說「你對人好，人家就會對你好」，如果互相以眞心和眞心接觸的話，那麼，自然就會孕育出無私的精神。日本人的求道精神，都是以「誠」心做爲核心，因爲「誠」心可孕育出追求「眞實」的精神。

武士的「獻身」當然是想否定「詐」，並積極珍重「誠」的東西。不過，在中國，卻無法將這種武士道精神發揮在求生存上面，因爲，中國的生存原則就是孫子兵法所說的「兵不厭詐」。也就是說，把「誠」發揮到極致可能就會成爲「傻瓜般的老實」，即使有心也是欠缺「智力」，但使「詐」卻必須要有智力才行，因此，奸詐如「狐狸化身」的狡猾之徒才可以戰勝敵人、壓制對方。

因爲這樣，中國人才變成世界上最喜歡政治的民族。歷史就是政治，藝術、文化和道德也全部是政治。人類社會最上位的皇帝（天子），則是自人民戰爭中脫穎而出的勝利者，爲最高的「有德者」。皇帝是天下萬民的代表，被認爲是統率萬民的重要人物，包括司馬遷的《史記》在內，中國的歷史書籍全部都是以皇帝爲中心來記載，政治這種東西被大家認爲是世上的最高價值。這就是中國社會的價值觀。

如果從儒家理論來看的話，則皇帝必須是承天命、以天子的身份統率萬民的「有德者」，這樣才是否定「霸道」的

「王道」。然而，經常改朝換代的中國，天子大都是從篡位之中產生出來的，這是中國天子的宿命，因此，天子也必須是最高明的偽善者才行。這一點也是「詐之文化」的根源。

◎中國人在日本的犯罪事實

近年來，來到日本的中國留學生人數不斷增加。二十世紀初期，日俄戰爭之後的1905年，當時也有超過數萬人的留學生在日本接受教育，難免讓人聯想到，主要是因為廢止科舉制度才使得留學生人數突然增加。

中國留學生也發行很多的中文新聞與雜誌，光是日本登記有案的就有三十種，如果把未登記、自己發行的部分計算在內的話，應該會超過六十種。不過，以中國留學生為對象的雜誌並不是今天才開始的，早在清朝時代就已經非常氾濫。

從中國留學生發行的刊物來看，雖然很多都是刊載生活上的必要資訊，但也有很多是在介紹日本人和日本的風俗習慣，每次看到這些內容時，都會對台灣人和中國人所看到的日本人印象的南轅北轍感到訝異。中國人對日本人的印象，只是冷淡、差別待遇和入境管理局會故意刁難等等，好像日本人是在專門找碴一樣。

自唐朝起，就有很多中國人來到日本，即使不要提鑑真和尚、朱舜水這些特殊的人物，大部分的中國人在日本都受到很大的尊重。這或許就是近年來中國人感受到「差別」的

地方吧？

如果有很多中國人犯竊盜罪的話，那麼，日本人當然就會對中國人提高戒心；再說，留學生和偷渡中國人的殘暴犯罪事實，不僅沒有停止過，而且還有愈來愈多的趨勢，統計2003年上半年的一萬八千五百七十九件外國人在日本的殘暴犯罪案，其中中國人所犯下的案件就有七千四百四十九件，超過40%。

另外，全部外國人的犯罪案件雖然比去年同期增加了20%，但是中國人的犯罪數量卻增加了42.4%，也就是說，在外國人犯罪的增加部分之中，中國人的犯罪數量佔了大部分。

中國留學生在日本租公寓也不太受到歡迎，在美國也是如此。因為，把房屋租給中國人的房東，在數年之內就會發現房屋的內部和周圍都被弄得髒亂不堪。有某位中國的大學講師向新聞報社投書說，明明自己娶了日本人妻子，但是要租房子還是很困難，認為這是對他的一種歧視。客觀來講，這是無法避免的事，但中國人並未反省自己，反而站出來指責別人的不對，只是做自我主張。

魯迅留學日本的時候，對日本人的耿直、勤勉和做任何事都不偷工減料的優點讚不絕口，並嚴厲批評中國人的「馬馬虎虎」態度和「投機取巧」的個性。但魯迅這番話並未被中華人民聽進去。

◎台灣人因日本人而對現代化大開眼界

近年來，台灣的「台灣人意識」正在逐漸抬頭。說到「台灣人意識」，實在很難說清楚它究竟是什麼東西，以及它是在什麼時候產生的。不過可以確定的是，至少在十九世紀前，台灣人從來沒有意識到自己究竟是「台灣人」或是「中國人」。

自十七世紀起，漢人就已經以季節性勞工的身份來到台灣，而且，清朝在十七世紀末期時更將台灣納為領土。依據中華思想的基礎而擁有華夷思想的人雖然大有人在，但還不至於在台灣各地生根，更何況台灣等於中國的共通意識並不強烈。其原因有二：一是當時的台灣居民是泰雅族和賽夏族等原住民和福建籍的漢人，雙方的文化不同；另一則是在漢人之間會按照大陸的出身地而分裂成數個族群，除了利害關係互相對立外，每個人都擁有各自的族群歸屬意識。

這些族群的語言和文化也都不同。即使是在福建閩南語系的族群之中，泉州和漳州系的語言也不一樣，沒有民族的共同意識。至於原住民的族群，平地族和山地族的語言和文化都不同，山地族之中更分成數群共同體。這些族群不僅語言無法互相溝通，也沒有共通的認同（Identity），經常為了利害關係而不停的互相抗爭，村落之間的武力對抗也綿延不絕，此外，對清朝派遣過來的官員的苛政暴斂而產生的抗爭事件也非常的多。日治之前的台灣，漢人和原住民之間長久

以來已成為互相對立的仇敵。

　　明治28年（1895），日本在日清戰爭中取得勝利，清朝把台灣割讓給日本。當時的台灣統治者雖然急速成立台灣民主國來抵抗日軍的侵入，但是，台灣的居民卻自己打開城門並擔任引導的任務，分別歡迎從台北和台南登陸的日軍入城。總而言之，當時的台灣人並沒有共通的民族意識，都會屈服於過去的強勢軍事力量之下，簡單來講，就是「勝者為王」的道理。這種事實在抗日史觀的歷史書中昭然若揭。

　　此外，明治7年（1874），樺山資紀少校（之後成為台灣第一任總督）到台灣南部探查時，發現這個地方的居民平時就擁有刀槍弓箭，隨時隨地都準備用這些武器來抵抗原住民的襲擊。這時候的漢人居民，向樺山少校提出二百零一人連署的陳請書，要求討伐牡丹社和其他的「生蕃」（原住民），更有其他的漢族領導人招待樺山少校，願意從自己的二千五百美元的總資產中提供一千美元，來當作討伐牡丹社的獎金；據說，其他的漢族村落，也提出「生蕃討伐」的懇求書。（《有趣的台灣史話》，井出季和太著）

　　以上是日清戰爭之前二十年的台灣狀況，從這些台灣漢族拜託日軍的事實看來，可以看出當時的台灣居民已經稍微具有民族意識。

　　這時的台灣，各族群不僅為了自己的守護神廟和村落而互相對抗，而且也在和蕃社大打出手，因此，商品經濟和貨幣經濟幾乎都不發達，除港灣城市外，其他的地區幾乎都是原始的村落共同體。但是，完成開國維新大工程的日本人，

一進入台灣島之後，台灣立刻就發生了很大的變化。日本人帶來了現代化的浪潮，明治維新的浪潮打上了台灣島，對日本來講，宛如是在進行「第二次明治維新」。

從日本好不容易上岸的「文明開化」和「脫亞入歐」的浪花，在半世紀之內把台灣全部覆沒，影響所及，第二代的台灣人在這半世紀之間，拋棄了小辮子和纏足。除了外表上的這種改變外，也出現了精神上的變化。

雖然日治時代只有半個世紀，但卻對台灣人的精神史有很大的影響，比起中世紀土耳其諸侯接受伊斯蘭教後的變化（回教化）有過之而無不及。接受日本文化之前和之後的台灣人，因為精神層面上的變化，而變成了兩種截然不同的人種。

之前的台灣世界觀，只有狹隘的村落與村落觀而已，即使是稍微擴大一點，眼界也只看到大陸（台灣人說是唐山）。不過，這時的台灣人已經可以透過日本開始看到西歐世界了，例如，中法戰爭時攻擊台灣的法國軍隊來到台灣後，台灣老百姓才終於知道有這個「蕃仔反」的西夷大國法蘭西的存在，當然也知道日清戰爭中的日本不是東夷的倭寇。

如此這般，現代化讓台灣大開眼界，近代思想像潰堤的洪水透過日文蜂擁而入，台灣居民也因此瞭解到，過去「四書五經」的價值觀，只不過是傳統的偏見而已。

◎在台灣文化中生根的「大和魂」

　　台灣雖然也受到儒家思想的洗禮，但是，當日本文化來到台灣後，儒家思想就開始退潮。主要原因是，台灣因日本的統治而逐漸成爲一個現代化的社會，而當現代化的社會更加成熟時，家庭這種私有倫理遂開始倒退，讓台灣從人治社會變成了法治社會，所以理所當然會對儒家思想的倫理產生很大的質疑。

　　1920年代的台灣，由台灣人組成的同化會和台灣文化協會，以百家爭鳴的氣勢展開了各式各樣的民族運動和社會運動。這種狀況，與其說是受到世界潮流的影響，倒不如說是受日本國內傳來的思想的影響較爲妥當。當然，這種自發性組織的產生，也是拜日本國民教育的成功之賜。

　　在台灣所接受的日本文化當中，進取的精神和被喻爲「大和魂」的日本精神，開始在台灣生根，進取的精神更和後來的社會改革、陋習改革有直接的關連。所謂「大和魂」，原本是指日本平安時代宮女們在觀花賞月時的心情而言，也就是意味著「男剛強、女柔和」的溫柔和家庭的溫情。之後，一直到研究日本國學風氣興盛的江戶時代，「大和魂」才和武士道結合在一起，這時的「大和魂」已被定位爲以武士道爲核心的日本獨特精神。進入明治時代之後，「大和魂」才又被擴大爲軍國主義，爲了忠君愛國，「像墜落的櫻花般爲國英勇戰死」遂成爲日本國民的精神美學。這

種精神美學是中國所無法產生的東西，對日治時代初期的台灣人來講，恐怕是最大的文化衝擊。

　　1945年，日本撤離台灣之後，大陸的國民黨政府接手統治台灣，這時又再度把儒家思想帶進台灣。不過，接觸過日本精神並讓它生根的台灣，已經無法再度接受儒家的價值觀和家族倫理。國民黨政府爲了要打破台灣這種現狀，實施了半世紀之久的反日教育，雖然想提高台灣居民的反日意識，但是卻沒有什麼效果。今天台灣各地出現的哈日族，崇拜日本的電視偶像、愛看日本的漫畫、唱日本的流行歌曲、學日語、穿和服、到日本的主題樂園去玩等等，哈日的熱度可說是有增無減。

　　國民黨政府統治台灣後不久，立刻在1947年2月28日發生了台灣人的「二二八事件」。這個事件肇因於自日本撤退後，台灣出現了中國官僚的腐敗、貪污和盜領公家財產等情事，同時，中國兵更經常有態度蠻橫和目無法紀的行爲，因此，遂讓很多台灣人不得不站出來反抗這些暴行。

　　這時，負責鎮壓台灣人民的行政長官陳儀，卻在調查報告書中指出，台灣人有反中國情結和文化的差異，把原因歸咎於是「日本的奴化教育」所引起，並認爲台灣人完全無法瞭解「中華祖國」的歷史和地理，且由於長期受到日本人不良的教育而產生中毒症狀，才使得事態變得相當嚴重。

　　陳儀還敘述說：台灣人平常是以日本話來交談，模仿日本式的生活，希望永遠成爲日本的臣民，一般的青年不知道中華民族祖國文化的偉大傳統精神。不知道時代潮流的台灣

人，無法理解政府施政方針的改變，由於對祖國的法令制度無知，因此經常抱持著「日本最好」的淺薄頑固觀念，所以才會產生錯覺和提出不正確的批評。心懷不軌的奸詐份子，利用台灣人的單純性格，捏造出反中國情結之後再加以煽動⋯⋯

陳儀這種敘述，可說是中國人單方面的偏見，是從狹隘視野中所產生的傲慢態度。但從台灣人的角度來看，中國人是一群貪婪、狡猾、不守約、不守法、不乾淨和無知的「豬」，比日本人的程度還要低。雙方這種看法上的差異，現在還繼續存在著，成為外省人和本省人之間爭執不休的根源所在。

例如，二二八事件之後，由台灣人所組織的二二八事件處理委員會，向陳儀提出了政治改革的要求，政府方面雖然全盤接受，但這只是障眼法，陳儀暗地裏向南京政府拍電報說：「台灣人要造反」，要求儘快派遣大批軍隊過來鎮壓，本來相信政府承諾的二二八事件處理委員會，遭到出乎意料的打擊，知識份子之後逐一被逮捕，居民也被大屠殺。

當時，進入台灣的國民黨軍隊，每個人幾乎都是從中國的貧窮農村出來的，是一群因為生活困苦而無法上學唸書的人，這些人來到台灣時，雖然是以勝利者的姿態佔領台灣，但他們看到日治時代已經進入現代化的台灣，都發出了一連串的驚嘆號。

對這些既不知道自來水也不知道電氣、更與近代化市民生活完全無緣的中國人來講，當然會和已習慣近代化生活、

一般教育已相當普遍的台灣人，產生無法估計的文化差距，這種差異也在之後的中國人和台灣人的衝突中，成爲中國和台灣之間的文化摩擦，同時也成爲日本和中國之間的文化摩擦。

◎台灣精神的核心是日本精神的「努力」

2000年5月，民進黨的陳水扁就任台灣總統之後，就經常在強調「台灣精神」。不過，陳總統所說的「台灣精神」，到底是指什麼東西呢？有關這一點，筆者以前雖然曾經問過瞭解他的人，但總覺得不是很瞭解它的內容。

李登輝前總統曾經建議說，台灣有必要創造出與中國不同的獨特文化，並提出「民主、自由、人權」來做爲台灣近代文化的要素。的確，這三個要素是目前中國所沒有的東西，而且也是人類所要求的普世價值，所以，如果能夠做爲新文化的要素來培養和加以普及的話，就會成爲珍貴的東西。

台灣文壇的耆宿鐘肇政先生，在2001年於東京舉辦的演講會上說：「日本人有大和魂，但現在的台灣卻沒有台灣精神。」可是，到底應以什麼東西來做爲「台灣精神」呢？

台灣人經常把自己比喻爲牛，因爲台灣人忍耐刻苦的工作態度，就像耕牛一樣。相對於中國人把自己比喻爲皇帝象徵的龍來講，兩者在心態上就顯得完全不同。台灣人像耕牛一樣拉著牛車，不屈不撓的開拓出台灣這個被亞熱帶綠蔭所

覆蓋的島嶼，台灣曾經是瘧疾等風土病到處蔓延的地方，本來並不是一個適合人類居住的環境。

　　所以，台灣人在這種環境之下很喜歡說「打拚」。這句含有「加油」意思的台灣話，由於既沒有漢字亦沒有日文漢字，因此，被認為是台灣在日治時代時所產生的語言。在日治時代，台灣的總督府為了撲滅風土病，遂進行一般家庭的衛生改善工作，分別於春天和秋天進行兩次的大掃除，然後由警察巡迴各個家庭做衛生檢查。台灣人把在太陽下拍打棉被叫做「打棉被」，把清掃房間叫做「拚房間」，這就是「打拚」兩個字的語源。

　　至少，台灣人並不像中國人那麼保守，而是充滿著積極進取的開拓精神，碰到困難的時候，就會發揮「打拚」的精神，拚命的努力。乍看之下，大部分的台灣人好像很聽話，但其實台灣人也具有旺盛的反抗精神，自古以來即被認為是「難以治理的人民」。

　　二戰結束之後二十七年的1972年，橫井庄一前士官在關島被發現，當年的2月，日本媒體對他回國的樣子以「雖然感到慚愧但還是回來了」做為評論來大幅報導。1974年，印尼的摩祿泰島發現了失蹤三十年的台灣高山族（阿美族）中村輝夫（中文名字李光輝、山地名字史尼育唔），發現當時他已經53歲，當記者們問他為什麼可以在這麼長的時間忍耐孤獨時，中村只回答說：「只靠著大和魂。」受過戰前教育的他們，都同樣接受自己的命運，老老實實的去完成任務。說到「大和魂」時，一般就會讓人聯想到中國所說的軍國主義、

屠殺和侵略等負面的同義語，但台灣人卻以擁有「大和魂」
而感到榮耀，這不只是存在於中村一個人的身上而已。

　　日本人來到台灣之前，佔台灣土地三分之二的中央山脈
地區，就居住著勇猛果敢的山地民族（高山族），是政府力
量無法觸及的地方。目前，在十一個高山族之中，當時最勇
猛的民族是居住在北部和東北部山區的泰雅族，泰雅族是以
獵人頭而聞名。清朝統治台灣時，即使借用了平定太平天國
之亂的名將沈葆楨和劉銘傳，也無法讓山地民族歸順，因為
每年進行山地民族的討伐都遭遇到失敗的命運。

　　直到進入二十世紀後，才讓他們丟掉武器舉手投降，
而完成這項工作的人，就是台灣第五任總督佐久間左馬太上
將。他以延長退休之後的70歲高齡親自登上高山帶頭指揮，
耗費數年才終於征服成功。

　　泰雅族之所以會這麼勇猛，乃是因為他們和日本的古代
武士一樣，擁有做為山地民族的武士道精神。不過，一旦向
日軍投降後，他們對日本就非常的忠實。頗負盛名的高砂義
勇隊，就是在大東亞戰爭末期時和敵人作戰最驍勇的戰士，
跟著日本士兵一起英勇犧牲。對高砂族的男人來講，一旦走
入戰場就不會想活著回去，因為，他們認為沒有在戰場上戰
死而回到部落來的男人會被輕視，是一生最大的恥辱，所以
他們以戰死自豪。

　　這正是「大和魂」，而「武士道精神」就是它的核心。
的確，新渡戶稻造在他的《武士道》著作中就指出，武士道
正是日本精神的代表。不過，這並不是只有日本人才有的東

西，猶如中世紀的西歐也有騎士道一樣，台灣的山地民族也有傳統的武士道精神。正因為如此，所以台灣的高砂族可以和戰前的日本武士道精神產生共鳴，以致不會背叛日本，誓死為日本作戰。

◎台灣原住民和日本人因武士道精神而產生共鳴

在這裡，想要介紹的是日本人和高砂族雙方關係密切的小故事。

在大東亞戰爭的末期，日本的敗象已愈來愈濃厚，美軍為了建立攻擊日本本島的橋頭堡，內部正在為了究竟應該選擇菲律賓或台灣而爭執不休。結果，美國選擇了菲律賓做為登陸地點。但如果戰後傳說的「台灣被日本當作殖民地般的榨取和掠奪，日治時代是台灣人的反日抗日時代」的歷史史觀是正確的話，那麼，台灣理應被美軍選為最適當的登陸地點才對。因為「持續抵抗日本統治的台灣人，如果美軍登陸的話，就會一起站出來抵抗日本」。

那麼，為什麼美國沒有選擇台灣呢？

事實上，在大東亞戰爭的末期，美軍已經對高砂義勇隊奮戰不懈的情形，以及被俘虜之後也不會失去不屈不撓的鬥志的大無畏精神非常清楚，也就是說，美軍對高砂義勇隊的驍勇善戰非常佩服。

當時，美軍司令部對日本士兵和台灣高砂族士兵有以下

的分析：

關於日本士兵：

1. 有教養，而且如果知道生命在某種程度上會受到保障的話，則問供時都會知無不言。雖然他們已被教導不能被俘虜，但是並沒有被教育說俘虜之後不能供述任何事情。

2. 沒有一個人會說台灣高砂族士兵的壞話。

關於台灣高砂族士兵：

1. 不管有沒有受過教育都相當頑固，對美軍的說辭都置若罔聞。

2. 對日本的忠誠度極高，即使是被俘虜之後也不會改變。

3. 被釋放之後也會再度為日本作戰，沒有一個人會說日本士兵的壞話。

4. 不管美軍提供多大的誘惑，也不為所動。

　　美國華盛頓的參謀總部知道，如果決定在台灣登陸的話，那麼，就必須付出相當龐大的犧牲代價，因此他們強烈主張選擇菲律賓而避開台灣，然後再往沖繩展開登陸作戰。

　　至於有關台灣原住民、尤其是山岳民族的風俗和民族性，當時的台灣總督府有以下的報告存在：

1. 全族有強烈的相親相愛的觀念，對鄰近的客人和其他的相同族人很親切，很照顧老人和幼兒。

2. 勇敢且充滿榮譽心，把怯懦視為恥辱。

3. 對私利淡薄，公平分配捕獲的獵物和農作物。

4. 對族長和恩師非常有禮貌，既謙虛又誠實。

另外，當時研究台灣原住民的日本學者森丑之助和鹿野忠雄等人，認為在台灣原住民的忠心耿耿的態度之中，有著與日本古代武士道精神相通的地方。

台灣原住民對漢人的入侵，持續抵抗了三百年以上，接著，在日治時代初期，他們也和日本對抗，一直到第五任的台灣總督佐久間左馬太上將才平息了他們的抗爭。高砂族是最後被平息的抗日民族，不過，歸順之後，高砂族卻也是對日本最忠誠的民族。

的確，武士道精神是大和魂存在的象徵，武士道精神不僅出現在日本的武士身上，台灣的原住民也有這個精神。在日本士兵的回憶錄之中，經常可以發現把高砂義勇兵當作戰友一起在南方叢林作戰的事蹟，讓人驚訝的是，在這些事蹟當中，竟然連一篇說高砂義勇兵壞話的文章也沒有。

例如，在第18軍石井敏雄軍官的回憶錄之中，提到下面這則原先在新幾內亞作戰，但隨著大戰結束後全部日軍被收容在慕斯島時的小故事：

被收容之後，一般的日本軍官都缺少生活能力，經常

為著營養失調和餓肚子而苦惱不已，這時，另外一棟收容所有五百位高砂義勇兵被收容著，大概是看不下去日本軍官的這種狀況，因此，天亮的時候，日本軍官的枕頭旁邊經常都會放置著高砂義勇兵以他們的特殊生活智慧而到手的食物，而裝在鋼盔裏面的魚也被送來了，在場的所有日本軍官一面淚眼盈眶，一面感謝他們親切的照料，當時的情緒一直到現在都沒有辦法忘掉。

高砂義勇兵很擅長叢林戰，他們的強韌精神不用說，用來偵察敵情的敏銳視覺和聽覺的戰情偵察能力更是無人能及；而且，射擊也非常厲害，在南方的叢林戰之中，被誇讚具備日本士兵數倍的戰鬥能力，甚至很多的日本戰友也這樣認為：「如果能夠再擁有五倍的高砂義勇隊的話，則應該會戰勝以物資充裕自豪的美國大軍。」

直到現在，高砂義勇隊的誠實和忠誠，仍被日本戰友稱讚是古今無雙，留下諸如背負著兵糧越過高山河川，即使自己餓死也不會去動手取用兵糧……等等美談。（以上的回顧係引用自黎明之會、門脇朝秀編著的《台灣高砂義勇隊──至今其心亦……（五十年後的證言）》）

有關高砂義勇隊在戰場上的活躍情形，曾經四次被上書到日本天皇的跟前，每一次都獲得天皇賜字鼓勵。

雖然過去對日本盡忠，但是對那些好不容易活下來而回到台灣的人來講，之後的事態發展更讓人傷心，因為，台灣

的山河雖然和過去一樣，但國家已經改變了。他們被中國人視為敵人，也被日本人遺棄了。

　　最近，自稱是台灣原住民出身的立法委員高金素梅，向大阪地方法院提出反對高砂義勇兵一起被供奉在靖國神社的訴訟，不過，根據在日台灣同鄉會前會長林建良博士的徹底調查，發現這件讓人奇怪的事，其實是由反日日本人和中國政府從中策劃出來的一齣戲碼，其來龍去脈在《正論》（2003年9月號）的月刊雜誌中有詳細的說明。

　　戰後，高砂義勇兵被日本拋棄，失意的回到山區，也有獲得金鵄勳章的高砂兵回國後就自殺的。即使如此，直到今天他們還是很自傲的認為：「大和魂還留在台灣」，雖然戰後的日本人已經完全失去了這個東西。

◎親日派台灣人受到悲哀的誤解

　　相對於中國和韓國的反日情結，應該有不少日本人認為台灣人是比較親日的。沒錯，台灣人的確有這種親日傾向，不過，嚴格來講並不完全是這樣。在台灣人之中，講日本話的日語族、以台灣話為中心的台語族和以年輕人為中心而非常喜歡日本的哈日族，確實都是非常親日的族群，甚至於可以說，其中有一部分的人還是愛死日本的愛日派。不過，以北京話做為中心語言的北京語族就絕不是親日派。

　　而且，即使是親日派的台灣人，也以上了年紀的老年人居多。不過，他們只對戰前的日本人懷有敬仰之情，對戰

後的日本人卻沒有這種感情，其原因雖然錯綜複雜，但至少戰前的日本人比戰後的日本人還要有人情義理、勇氣和責任感，並擁有律己、大公無私和大和魂的精神，一言以蔽之，那就是戰前的日本人是高尚堂皇的。

　　因此，戰後的台日交流，如果不將商業往來計算在內的話，則幾乎都是和過去的恩師、付出愛心的警察與戰友們進行接觸並緬懷過去的交流有關。例如，戰爭時來到日本工作的台灣少年工人，雖然曾經被大眾媒體誤導為是「被日本強迫帶來」，但他們即使到現在還是懷念著日本，繼續和居住在日本的過去關係人保持往來，據說人數有數百人到數千人之多。

　　另一方面，戰後的這些日本人，從總理到政府高官、議員、學者、新聞記者、商業人士、一般民眾等等，幾乎沒有一個人可被台灣人所敬仰，頂多只能說是往來較為親密而已。甚至，在親日派的台灣人之中，也有人對戰後的日本人相當輕蔑、或認為是滑稽可笑的。

　　戰後的日本人雖然還多少殘留著耿直和勤勉的國民性，但是，傳統的美德幾乎已經消失了。不僅如此，連前人珍惜的魂魄也失去了，比較戰前和戰後的實際狀況，會有恍如隔世之感。日本和外國打仗大部分都不會輸，所以戰敗的衝擊應該相當大，或許就是這個原因，日本人才很快的失去自信，甚至出現了自我虐待的現象，而且無法從跌倒中站起來。

　　日本人自我虐待的時代是一個被虐待狂（Masochism）的

時代，這時，擅長自虐的反日日本人開始登場，並成為大眾文化。由於是以自我虐待做為主流，因此，愈傷害日本愈會受到大眾的拍手喝采，在這種情況下，反日日本人執大眾媒體的牛耳，競相演出風靡一時的自虐式劇本。「全國人民總懺悔」有時候的確是有必要，不過，經常懺悔卻於事無補，不僅於事無補，甚至還會被外界做為炒作的材料。戰後日本史就在說這些故事。

不間斷的「全國人民總懺悔」，奪走了日本人過去的自負、自信、自尊心和魂魄，助長了自我虐待的囂張。現代的台灣人，不僅沒有戰後日本人的自我虐待的興趣，而且也沒有那種餘裕，因此，對戰後的日本人除了沒有敬仰的念頭外，也不會出現好感。

最後，隨著大和魂的風化與消失，以及台灣人的親日愛日世代的老化，不得不讓人憂心，瞭解日本和親近日本的鄰邦是否正在消失之中呢？

連「大和魂」、「自豪」和「氣概」都丟棄的戰後日本人，當有朝一日被全世界的人輕蔑的指稱為「不要臉的日本人」時，這時，不得不抱歉的說這是理所當然的事了。

遺留在台灣經濟產業上的武士道精神

◎日本人反而是經營台灣時被榨取的對象

即使是戰爭結束已超過半世紀之久的今天，中國人還是繼續指責日本統治台灣五十年（1895～1945）的「殖民地控制」的苛政，尤其，中國的大眾媒體還搬出「掠奪、壓榨、屠殺、放火、暴行」這些老套的話，好像日本到今天還持續在進行一樣。

每年接近終戰紀念日的8月15日前後，這種現象尤其明顯。對中國來講，這個期間是用來紀念「抗戰勝利」和「台灣光復」，而且也是確保「前事不忘，後事之師」的期間。中國人英勇抗日、打倒暴戾的日本帝國和解救處於「水深火熱」的台灣同胞等事蹟，都會在這個時候拿出來歌頌一番，並自我吹噓中國人代代相傳的「以德報怨」的恩惠。

在台灣舉行選舉的時候，這種現象也會被拿出來熱炒一下，為什麼會這樣呢？因為，統派的候選人會把追究日本帝國主義和日本軍國主義的罪行當作選舉活動的一環，把日本的「殖民地控制」的惡行有的沒的亂指一通。

最喜歡這種反日活動的人，全是那些中國、香港、台灣和日本的反日新聞記者。截至目前為止，中國人對日本殖民地主義的批判有一個很大的特徵，那就是，沒有從理論性或國際性的角度來討論台灣殖民地的整體歷史，而是只就極特殊的部分事件來痛罵一頓，也就是說，先講理論但之後卻不講事實。例如，拿日治時代鎮壓台灣原住民的霧社事件來

講，就是一個小題大作的例子，始終以殘暴、捏造歷史和個人偏見的方式來大肆喧嚷，至於發生該事件的前後歷史過程卻避而不談。

這種理論優先型的敘述方式，在今天也可以在矢內原忠雄的《日本帝國主義下的台灣》之中看到，這本書的分析和預言幾乎都是錯的，見解當然也不正確。由於篇幅有限，因此對矢內原先生的批評只點到為止。

在這裡想要說明的是，歷史絕不能以理論優先型的方式來作敘述，所以，日本長達半世紀的台灣統治，也應以更寬闊的視野來看。也就是說，必須先從台灣的史實來看整體像，然後再從各種角度環視台灣史，並比較具體的數字之後再來談論台灣史。

如果談到經濟上的掠奪或榨取的話，則數字上的驗證更有其必要性，如果不是這樣的話，那麼，說它是空泛理論一點也不為過。每次聽到「日本人壓榨台灣人」的論調時，筆者都會反駁說事實完全相反，反而是日本政府在壓榨日本本土的國民，並把榨取得來的資源全部投注在台灣的經營上，這才是真正的歷史事實。

其中，有不少歷史事實可做為明證。例如，自日本治台第一年的1895年到1905年的十年間，台灣總督府的年度預算都是靠日本帝國政府來彌補支應，而且，初期的台灣每人平均預算比日本本土還要高；再說，1896年的日本對台灣總督府的補助款接近七百萬日圓，相對於日本人每人平均二元二十七分的預算額，台灣人是每人三元十六分，也比日本人

高。

此外，也有這樣的例子。在日本國內，海軍從1893年起連續六年進行增強軍備，其中，軍艦建造費預定每年支出三百萬日圓，不過，實際上卻被壓抑在二百五十萬日圓，海軍節省下來的部分則從1896年起撥作台灣總督府的補助款，每年的金額竟然高達六百萬日圓。

日本對台灣的補助款，約佔當時日本軍事費用的十分之一。當時的日本還很貧窮，國民正一面強忍饑餓、臥薪嘗膽，一面設法在與世界各國為敵的時代中存活下來，儘管如此，巨額的補助款還是從日本撥進台灣。對這種政策，氣憤難消的人應該是日本國民才對，或許是為了反映這種聲音，在當時的帝國議會之中，竟然出現了怎麼不以一億日圓把台灣賣給法國的聲音。

軍事方面也是如此。以英國為首的很多宗主國家，都認為殖民地的軍事費用理所當然應該從殖民地本身來籌措，可是，日本統治台灣和朝鮮時，軍事費用卻完全由日本中央政府的預算來支出，這種情況可以說是日本經營台灣和朝鮮的特色之一。台灣軍隊的費用支出，從內地的運輸、兵營與練兵場的建設、兵器、彈藥以至於薪俸，都是由日本帝國的國家預算來支付，而不是從台灣總督府的預算之中支出。當時的軍事費用，一般而言，約佔國家總預算的30～40%。

本來，每一位國民都有支付國土防衛費的義務，所以，台灣的防衛費當然應該由台灣人來支付，這是一般的常識，也是做為現代民主國家的國民應盡的義務。所以這就是最好

的證據，可以證明台灣人和朝鮮人都沒有被日軍「榨取」和「掠奪」。

對台灣的土地和農民，日本帝國主義雖然也經常被指責說在不斷的大肆榨取和掠奪，但這也是和歷史事實完全相反。有關這一點，從日治初期的土地稅的比較資料就可以看得很清楚。相對於日本國內課徵收穫的25.5%做為地租，台灣卻只有5%、朝鮮更低至3.9%，拿這些數字來比較看看的話，則到底是那一國的國民被榨取應該就可以一目瞭然了吧！

批評日本帝國主義進行土地掠奪和榨取的空泛理論或文章，純屬無稽之談。甚至可以說日本還給台灣帶來了利益。因為土地調查與土地制度的建立、以及新田地的開拓，都讓台灣的耕地呈現倍數的成長，更有甚者，灌溉工程普及之後還讓土地的生產價值呈幾何級數的增加。這些都是歷史事實。

日治初期，台灣的土地所有權屬於大租戶和小租戶的雙重擁有，所謂大租戶係指大地主，而小租戶則是指開墾經營的人。日治之前的台灣，小租戶從佃農收取農作物做為地租（小租），然後小租戶再向大租戶繳納大租，土地的所有人名目上是大租戶，但實質上卻是屬於小租戶，這種複雜的結構經過日本進行土地調查整理之後，政府以三百七十七萬日圓向大租戶收買土地，然後再交由小租戶實際持有，以符合實情。

在土地調查的過程之中，也發現為了逃稅而故意隱瞞的

二十六萬六千甲（一甲約等於一公頃）的偷耕地，這麼龐大的田地足以讓一百萬名日本國民進來開墾。按照道理，當時發現偷耕田地時，台灣總督府應該加以沒收才對，不過，台灣總督府並沒有這麼做，反而把所有的偷耕地無償的分配給那些台灣的有權小租戶。做到這種程度的日本政府到底在什麼地方向台灣人榨取和掠奪呢？

因為有後藤新平的土地調查，所以後來才有總計八十八萬甲的土地被開闢成可由桃園大圳和嘉南大圳來灌溉的耕地，而這樣龐大的耕地，則足夠養活日治初期台灣三百萬人口的兩倍。

研究殖民地的學者，當然知道所謂日本的「對殖民地榨取」和「掠奪」完全是子虛烏有的事，而且，傳說農民在日本的嚴苛徵收下幾乎餓死也不是事實。然而，他們之所以不願意站出來澄清，主要原因可能是雖然不相信但也不知道歷史事實，或者是已被反日的大眾媒體所拉攏。

本來，台灣的稻米生產量從十八世紀起就已經衰退，糧食不足的嚴重問題已在台灣出現。但是，在日本的「殖民地統治下」，稻米的產量增加了四倍，人口也增加了一倍；台灣農民的收入，也比日本國內的農民高出35%；而相對於1887年的六日圓和1930年的一百六十六日圓的日本國民所得，日治時代末期的警察年收入增加到六百日圓的同時，台灣農民的年收入也達到一半的三百日圓左右。

從這些事實來看，可以知道所謂日本「榨取、屠殺」的論調是多麼不切實際。

　　事實反而是，由於台灣擁有這種日治時代的經濟基礎，因此，即使在戰後大量吸收突然湧入的兩百萬中國難民，也不至於讓整個台灣社會崩潰，兩百萬人這個龐大的數字，約相當於當時台灣全部人口的三分之一。

　　台灣的經濟基礎是經過半世紀的日本「殖民地統治」時代所建構出來的，由於這件事情非常重要，因此，在這裡必須再次強調。所以，所謂「以德報怨」這句話，其實是應該由日本人來抱怨的，而不是出自中國人口中，硬要教人家感恩的用詞。

　　那麼，為什麼被認為是「化外之地」和「瘴癘之地」而受到疏遠的台灣，可以在經濟上領先其他東亞國家，達到現代化的成就呢？

◎台灣沒有日本的統治就不會有發展

　　「沒有比較就不知道好壞」，這是魯迅的口頭禪，不過，這句話已經成為今天中國人判斷某種東西的鐵則。在中國購買東西時，誠如大家所說的「貨比貨」和「貨比三家」那樣，應先把品質擺在一邊，慢慢的經過比較之後才能購買。

　　這種中國人的一般常識，不僅使用在購物方面，連政治、經濟、社會和文化等方面，也都要和其他的東西互相比較之後才能判斷好壞。臨場的判斷標準雖然會因處理對象而有所差別，但最容易瞭解的，是可以用數字來做比較的經濟

這一項，反之，判斷標準曖昧的政治則是最困難的項目。

　　至於文化方面，則沒有可以做爲比較的東西。所謂比較文化，畢竟是學術性的研究對象，不是所謂好壞的判斷，這也就是爲什麼絕對文化主義經常會受到相對文化主義論者批評的原因。

　　開國維新之後的日本，正如「文明開化、殖產興業、脫亞入歐」的口號所表示般，出現了「文明改宗」的社會大變化；而「化外之地」的台灣，也受到日本的「文明開化」的影響，開始接受現代化潮流的洗禮。在某種意義上，台灣的現代化可以說是台灣的日本化。

　　自十九世紀末期到二十世紀中葉爲止的半個世紀之間，台灣所接納的日本文化、或日本化的現代化，可以列舉具體項目如下：

　　土地戶籍調查、舊習慣調查、全島國土開發計劃、鐵路、公路、港灣、飛機場、上下水道、電力、水壩建設、治山治水、山林保護、農政制度的建立、農地改良、品種改良、農業技術的革新、農產品的商品化、市場自由化、現代金融與稅政制度的建立、銀行的設立、現代經濟與經營制度的建立、產業與企業的現代化、農工商合作組織、現代都市的建設、醫療與衛生制度的實施、匪賊的消滅、法治社會的建立、教育的現代化、傳播情報和知識的大眾媒體的普及、謊言社會的脫離等等。

　　甚至於地理、地質、植生綠化、傳統文化、神話的研究調查、現代漢語、台灣話的系統化、現代社會科學、自然科

學、現代思想、哲學、文學和藝術的普及等等，也都是在日治時代中被孕育出來的東西。

如果不是日本人的話，則這些東西絕不會在被蔑視為「化外之地」的台灣出現。事實上，因為各種現代化政策的推動，台灣自1930年代末期開始就已經朝著工業社會大步邁進。日本人對台灣所造成的影響是，為台灣人提供了建設現代國家之際所不可欠缺的物質性和精神性的基礎。

一般而言，構成現代文化的要素，有資本主義、民族主義、民主主義和個人主義等四項。不過，自一千年前起，儒家文化和道家文化就已經失去了擴張能力，而且在佛教文化之中也尚未培養出現代意識。

在經濟現代化之中必須要有資本主義精神的支撐才行，政治現代化則需具備自由平等的精神，而合理主義的精神則是現代化文化的必要條件。約在一個世紀之前，台灣還只是「化外之地」，不過，一個世紀之後，台灣卻以超過中國大中原的速度接納了現代文化和現代精神，比中國享受到更多的自由和豐富的經濟生活，其背後的主要原因，畢竟還是拜日本文化的影響、和台灣容易接納日本文化的歷史環境之賜，有關這一點，將會在第九章再詳細敘述。

◎除中國和韓國外，東亞約有九成國家親日

1995年8月1日，《洛杉磯時報》以「戰後五十年日本特

集」爲題，刊登了由東京分局長山姆·傑姆森在台灣就地取
材後所撰寫的文章，根據他的描述，台灣人對日治時代的感
想約有下列幾點：

「1895～1945年的日本統治期間，台灣人感覺不到有政
治性壓迫存在。」

「日本人是爲了自己才改變台灣，不過，從當時世界共
通的殖民地主義的潮流來看，應該對日本人予以肯定。」

「比較其他國家的殖民地主義，整體而言，日本人是最
有人道的統治，日本建構了台灣的經濟發展基礎。」

「在第二次世界大戰時，台灣從來沒有遭受到像中國
大陸那麼多戰爭的破壞和屠殺事件，更何況，日本人也像在
朝鮮那樣，在台灣興建鐵路、公路、發電廠、港灣、通訊設
施、醫院和自來水處理設備。在當時的亞洲國家中，台灣是
唯一實施全國同一基準教育的國家，台灣全國所實施的初等
教育和日本國內一樣。」

「在國民黨還沒有進來掌控台灣之前，台灣是一個擁有
遠超過中國本土、可以自豪的高教育水準的國家。」

「戰後，聽到台灣要歸中國管轄時，我們是非常的驚
喜，但當外省人來到台灣之後，我們眼睛所看到的卻是粗暴
且低教育水平的一群人。」

另外，馬來西亞的總理馬哈地也在該東京分局長的訪問
時說：

「日本是亞洲第一個敢用武力向西歐列強挑戰的國家，
並且也是第一個向亞洲鄰邦證明靠平時的工業化努力，亞洲

人自己也可以轉變成工業化國家的國家。」

雖然中國和韓國宣稱大部分的亞洲國家都對日本反感，但實際上的情形卻相反。根據美國的蓋洛普公司、日本的《讀賣新聞》和韓國的《朝鮮日報》的調查，顯示越南、馬來西亞、泰國和印尼等國家約有71〜91%的人民都是親日的。

韓國三星集團的李健熙董事長在1995年5月的東京研討會中，坦白的說：「的確，亞洲沒有日本是不行的，因為亞洲需要日本的資金和先端技術。」所以，應該傾聽每一位亞洲人的直接聲音，不是嗎？

◎日本將「經濟體制」引進台灣

日本在台灣完成了很多的基礎建設，讓台灣成為現代化的國家。關於台灣興建鐵路、自來水、電力和水壩等基礎建設的汗水與血淚的故事，在《日本人建設下的台灣》一書中已有詳細的敘述，在此不再贅述。另一方面，在資金和技術的轉移上，到底已經達到何種程度呢？有關這一部分，以下將試著加以說明。

首先要介紹的，是從通貨和金融的角度列舉日本企業家在台灣的開拓實例。

十七世紀初期，台灣曾被荷蘭人和西班牙人統治，在這個期間，台灣已有各式各樣的貨幣在流通，到十九世紀末期的日治時代之前，台灣所使用的貨幣有很多種，其中還包括

世界各國和各地的貨幣在內。大致上，通貨可分為銀幣和銅幣兩種，不過，如果加上官方鑄造的錢幣和各國通貨的話，則有一百數十種以上。

　　根據《台灣府志》的記載，早期的外國通貨大部分都是從爪哇和呂宋流傳進來的。鴉片戰爭之後，流通量最大的是被稱為「白鳥」的無瑕疵墨西哥銀幣，而帶有瑕疵的墨西哥銀幣則被稱為「粗銀」；此外，也有西班牙銀幣和被稱為「龍銀」的日本貨幣，「龍銀」則依其瑕疵程度而分別稱為光龍、次龍和粗銀。

　　日本剛統治台灣時，有八十種以上來自支那的「制錢」和二十種以上來自越南的「安南錢」在市面上流通。不過，由於台灣的商品經濟和貨幣經濟並不發達，因此，社會上大都是採取以物易物的交換方式，在這種情況下，通貨的價值就大多取決於重量，而非上面的面額。因為通貨價值無法統一，所以，貨幣並未在實際的市場上流通，只被當作支付租稅和關稅之用，更何況其價值也會因地方的不同而互異，像以「一塊」銀元納稅時，其實際金額在北、中、南部分別等於七錢二分、七錢和六錢八分，但不管它的實際價值如何，只要以「一塊」銀元來繳稅就對了。

　　實際在商業交易上使用的貨幣，計有粗銀（帶有瑕疵的外國貨幣）、鈑仔銀（在中國、香港和新加坡鑄造的輔助貨幣）、制銀（官方鑄造的貨幣）、私錢、馬蹄銀（大小和鈑仔銀一樣）和白鳥等等，由於一般市面上所使用的粗銀的重量和品質都不穩定，因此，它的價值是以秤子秤重後來決定的。

　　有鑑於上述的情況，日本經營台灣時，特別從中央政府運來大量的日本銀行兌換券、一圓銀幣和輔助貨幣，讓它們在台灣市面上流通，以統一貨幣。因此，日本貨幣立刻在台灣普及起來，並可以用來繳納公家的稅金。不過，對沒有使用紙幣經驗的台灣人來講，還是比較偏愛傳統的銀幣，不太相信紙幣。如此一來，本來應該是等值的紙幣，在銀幣市場上卻產生了差額，一圓銀幣和紙幣的差額為五錢到十錢，甚至於有時更達到二十錢之多。

　　此外，由於在台灣沒有銀行，因此，所謂的金融機構只有「錢莊」、民間互助會的「銀會」（搖會）、處理重要物資的外國銀行的代理店「洋行」、茶葉事業的「媽振館」和外匯商人的「匯兌館」等等。所以，很多金融機構開始陸陸續續從日本登陸到台灣，分別是1895年9月的大阪中立銀行、1896年的日本銀行出張所、和1899年1月的三十四銀行。

　　之後，台灣銀行終於在1899年8月成立，接著，很多銀行又陸續在台灣展開營業，包括同年11月的台灣儲蓄銀行、1902年的商業銀行台北支店（1904年破產）、隔年11月的台灣農商銀行（1907年停止營業）、1905年2月的彰化銀行、1910年8月的台灣商工銀行、1916年1月的新高銀行（於1923年7月和台灣商工銀行合併）、1919年的華南銀行、1919年12月的三和銀行（山口、鴻池和三十四銀行等三家銀行合併）、和1923年1月的日本勸業銀行台北支店等等。

　　台灣銀行是日本政府為了做為開發台灣產業和統一貨幣

制度的金融機構而誕生的台灣本土銀行，並在1897年3月公布的「台灣銀行法」暨其銀行券發行特權的授與下，於1899年9月26日開始營業。

之後，一時之間台灣銀行的力量大幅膨脹，因此，包括三井、三菱和住友等財閥在內的台灣銀行的關係人，都對台灣總督府握有相當大的影響力。不過，自鈴木商店於1927年因金融恐慌而倒閉之後，台灣銀行在政界的影響力才因為這個重大打擊而開始式微。

◎台灣商業因日本商人的貢獻而飛躍發展

三菱財閥與台灣的關係，是自1874年的台灣出兵（「征台之役」）之後開始的。「征台之役」起因於1871年時發生的事件，當時有一批琉球漁民漂流到台灣後被原住民屠殺（牡丹社事件），因此，日本遂出兵到清朝管轄的台灣，這也是日本開國以來第一次的海外派兵。當時，負責軍需運輸任務的單位，本來是預定委託半公半民的「日本國郵便蒸氣船公司」，不過，由於三井家族的井上馨未支援出兵計劃，因此，最後只好把運輸出兵時所需要的武器和士兵的十三艘官用船，全部委託三菱商會來管理。出兵後，這些船隻就全部賣給三菱。

在出兵台灣後的1875年，三菱從日本政府獲得二十五萬日圓的補助款，和接受郵便運輸的委託工作。另外，三菱也在購買PM公司（Pacific Mail）的海船之際，取得日本政府

八十一萬日圓的補助。再者，在「西南之役」（1877）中，為了彌補船隻的不足，三菱又利用政府七十萬日圓的補助款和本身籌措到的十一萬日圓購入了七艘船隻。結果，據當時的《東京日日新聞》的報導，三菱在「西南之役」中獲得了一千萬日圓的利益。

　　而且，三菱又透過三菱商事把台灣的糖原料先出口到日本，之後再自己精製成糖成品後外銷到國外去，因此，到了1927年左右時，三菱財閥的製糖工廠的規模已經超過了三井的日糖工廠。三菱除了製糖外，也在台灣從事各式各樣的事業，包括以台灣竹為原料的「台灣三菱造紙」、日本鋁業、台灣船裝、大成火災、台灣化成、明治製糖和東台灣電力工業等等。

　　另一方面，日本1874年「出兵台灣」時，大倉組的創始人大倉喜八郎被任命為「都督府的御用商人」。大倉先生早在1873年就以商人的身份到過歐美考察，可說是當時從來沒有過的先例，他在明治維新之前就已經以武器商人的身份暗中活躍著。1873年，大倉先生在東京的銀座創設「大倉商會」，接著，就在翌年「出兵台灣」時獲得了賺大錢的機會，並因此得以在同一年於倫敦開設分公司。

　　當時在日本工商界相當威風的大倉先生，率先穿上了英國製的西裝在東京的街道上昂首闊步，之後，澀澤榮一和伊東巳代治等人也全都跟著模仿起來。他可以說是「文明開化」和「脫亞入歐」的先驅人物。

　　西鄉從道的軍隊「出兵台灣」時，所有的補給作業都是

委託大倉組來負責，而且，大倉組也派出五百位各式各樣的技師參加作戰，其中，有僧侶、也有戰地記者，不過，不包括「慰安婦」在內。

　　順便一提，辛亥革命當時支援孫文的宮崎滔天，由於也是大倉組商會的理事，因此，對革命軍提供了不少的武器。

　　之後，大倉組仍然積極的投資台灣，分別於1924年和1939年成立「大倉土木」和「大倉產業」，繼續在台灣展開商業活動。不過，由於大倉組在日俄戰爭中所負責的軍靴品質受到非常差的評價，因此，大倉組的形象並不是很好。尤其，乃木希典中將很不喜歡大倉，據說絕不跟他面對面說話，或許是因為這個緣故，在當時有成就的企業家當中，也只有大倉喜八郎一個人沒有被冊封為「男爵」。

　　不管怎樣，大倉喜八郎是從武器商人開始發跡的，然後再陸續成就了大日本啤酒、日本皮革、日清製酒、日本化學工業、帝國製麻和帝國飯店等各種事業。而大倉博物館雖然在關東大地震中倒塌，但1898年興建的大倉商業學校，目前仍然以東京經濟大學的姿態繼續存在著。

　　大倉喜八郎於1928年以92歲的高齡過世，至於大兒子喜七郎和大孫子喜六郎的命名方式，為什麼是按照祖父的數字依序往下遞減，則似乎沒有人知道是什麼原因。

　　如前所述，武器商人身份的大倉喜八郎，自戰前起的評價就不是很好，當然，從戰後的反日日本人的角度來看，更是一個無法理解的人物。的確，大倉是一位從莽撞不要命的「槍械商」起家、然後成就大事業的人，所以，即使被說成

是「軍火販子」也不足爲奇。不過，他卻是一位極有俠義心的男人，只要是「國家的大事」，不管怎麼危險都會挺身而出。

他也是一位以援助中國近代革命而相當聞名的人，張作霖大元帥曾經稱讚說：「大倉男爵是當今的英雄，我和他很情投意合。」善於見機行事的大倉，也可以說是日本的尖兵、「具武士精神的商人」的典型代表。如同韋伯（Max Weber）從「基督新教」（Protestantism）的教義尋求近代資本主義的發達一樣，日本近代資本主義也可以說是因武士道精神的支撐而發展出來的，大倉就是兼具商業精神和武士精神的人物。

另外，從個人商店出發的藤田組，則因爲開發台灣北部的礦山而致富。藤田組的開山祖師藤田傳三郎（久原庄三郎之弟，1841～1912），出生於製酒之家，或許是喜愛戰鬥的緣故，曾經參加過高杉晉作的「突擊隊」。

更有甚者，明治維新之後，他與大倉喜八郎同時被稱爲「武器商人出身的雙俠」。在西南之役時（1877），日本政府的軍備用品有六成是由三井物產提供，其餘的四成則分別由大倉組和藤田組來均分，據說三井獲利高達五十萬日圓。

不過，藤田組在1887年承接了大倉組，從此之後，在日本佔領台灣的各式戰爭之中，藤田組開始以遠征軍的「御用商人」身份來到台灣，獲得九份礦區的採掘權。在台灣的藤田組，爲了礦山的開採帶來了大量的技術人員，如果有必要的話，也會使用炸藥來爆破。不過，就在礦山經營得相當順

利的1899年時，一些叛亂的民眾闖入礦山，藤田組雖然想鎮壓這些亂民，但是已經束手無策了，因此，最後只好把礦山的經營讓渡給基隆的工人領袖顏雲年。接著，藤田傳三郎於1912年去世之後，台灣的藤田組也跟著衰退，最後，在1917年時，藤田組將台灣所有的礦山採掘權都賣給了顏雲年。

◎具「爲人類爲國家」使命感的日本商人

開發東台灣的最大功臣賀田金三郎是一位日本商人。賀田金三郎在1857年出身於山口縣萩町，父親是當地的村長，年輕時曾經跟毛利諸侯的武士馬島春海學習儒家思想，不過，或許是受到家庭的影響，比起當學者，他更想成爲商人。

他的弟弟賀田富次郎於19歲時來到京城，在藤田組支店長久原庄三郎底下工作。1887年7月，藤田組被大倉組接收，賀田金三郎成爲伊予松山事務所的主任，八年之後，又被拔擢爲廣島支店長。

到1895年7月時，賀田金三郎來到台灣，就任台灣分公司的經理，賀田在台灣相當活躍，即使是在戰火之中，也是台北總督府的御用商人，所成立的「驛傳社」，專門負責郵件和現金的運送、以及收取稅金的工作。

然而，不管怎麼說，這時候的台灣始終還是一個騷動和戰爭的混亂時代，得到這種報告的大倉喜八郎總經理，據說立刻下令停止說：「沒有必要繼續做有風險的事業。」因

此，無法實現自己的企圖和熱情的賀田，最後終於離開大倉
組，創立了由弟弟富三郎擔任副總經理的賀田組。從這個時
候開始，賀田真正認真的開發東台灣。

賀田組在幸運和機會的雙重光顧之下，搭上了開發台灣
這塊新領土的經濟景氣列車，除了承包事業外，也在雜貨、
衣料和飲料等領域進行多角化的經營。結果，公司獲得快速
的成長，於1899年成為台灣銀行的大股東，而且，也成為儲
蓄銀行（台灣商工銀行）的董事。舉凡金融、移民、開墾、煙
草栽培、樟腦製造、航運、製糖、製鹽、製冰和石灰等行
業，都可以看到他的影子，總共成立了三十一家公司，跨足
各種行業。賀田組的商業活動不只在台灣展開，還擴及到日
本和朝鮮，而為了彌補勞動力的不足，還雇用了原住民和漢
人，甚至還遠從日本的福島縣、本州中部、四國、九州和沖
繩等地招募人才到台灣來。

在打造這個新興的明治國家上，除了軍人和政治家四處
奔走之外，身為企業家的賀田金三郎也以強烈的國家主義參
加了國家打造行列。他的經營哲學是「為了人類和國家，必
須工作到至死方休」，以及「在台灣的開墾事業之中，相信
也有對國家應盡的義務，從台灣所獲得的事業利益，也應投
入於台灣的建設上」。

賀田也有一段小插曲。當時肩負台灣第四任總督兒玉
源太郎上將所打出的土匪懷柔政策任務的後藤新平長官，就
是在賀田的資金援助下，才順利的渡過了難關。因為，當時
的陳秋菊、林火旺和簡大獅等土匪首領所開出的歸降金額高

達二至三萬日圓。這樣龐大的金額，超過了當時台灣總督的年薪，因此，據說新聞特別以「招降總督土匪」的標題來諷刺。

這一點，可能就是華僑和從事海外事業的日本人最大的不同之處吧！華僑從地方上獲得的利益，絕對不會回饋給當地，他們會爲了祖先，建造有冷氣設備的巨大祠堂，或者把錢匯回祖籍地來蓋巨大的廟堂以便衣錦榮歸，凡此種種，都是爲了滿足自己的光榮和慾望。華僑的這種做法，除了在東南亞招致反感外，也引發反華僑和排斥華僑的運動。

另一方面，明治時代的日本，不僅是軍人和政治家，連被稱爲政商的御用商人、醫師、以至於娼妓，都燃燒著「爲了國家」的熱情，不會忘掉共同打造國家的使命感。

賀田金三郎除了捐款給故鄉的山口高中外，也興建曹洞宗別館、救濟全台灣的水患受害者、建立兒玉與後藤紀念館、以及捐助龐大的金額給各公營團體。賀田村（戰後改爲「志學村」）和賀田車站的地名，就是對他在台灣東部產業開發上的功勞所留下的紀念，在地圖上，今天還可以看到賀田山（440公尺）的名稱。

達到這種激動人生的賀田，於1922年以66歲的年齡進入另外一個世界。關於他的一生，1923年發行的《賀田金三郎翁小傳》有詳細的記載。

◎海上大商人平田末治發現群島

日本統治之前的台灣，從江戶時代起就已慢慢的展開經濟活動，當時的主角不是財閥的系統，活躍在經濟舞台上的大部分以海上商人和砂金樟腦商人為主。

在江戶鎖國之前，原田孫七郎和濱田彌兵衛等人，就在台灣的港口從事海上貿易的工作。當開始鎖國之後，雖然向海外發展的雄心壯志暫時降低，但日本佔領台灣後，向海外發展的夢想又再度隨著南進的浪潮甦醒過來。在這種形勢下，平田末治帶著向南洋展翅高飛的夢想，以發現新南群島的海上大商人的身份活躍在各地。

平田於1893年出生在秋田縣橫手町，經過一段苦學的日子之後，於1915年自日本大學夜間部畢業，並立刻隻身渡海來到台灣，掛上平田商會的招牌，開始從事打撈沉船的工作。聽說，他利用所籌措到的一筆錢，租借了一艘漁船和雇用七名船員，船上儲存著半年份的食物，於1917年從高雄出航，出發到南洋進行探險，不過，在海上迷航了三個月，最後抵達的卻是南海的無人島。島嶼上，有成堆的鳥糞和海草，因此，平田最後決定就留在這個島上進行開發。首先，他在島嶼的中央豎立了這樣的一個招牌：「如果這是住在台灣高雄的日本人平田末治最先發現的島嶼的話，那麼就命名為平田群島。」

這個島嶼正是目前以中國為首的東南亞國家爭奪所

有權的南沙群島，在1937年日本政府發行的早期地圖之中，有「平田群島」的記載；而在美國版的地圖上，也用「Hirada's（平田）Islands」的名稱來表示。

但最近中國政府卻開始主張說，南沙群島是「四千年來中國絕對不可分割的一部分」，中國還引用《尚書》這部最早的古書中的「島夷奔服」這四個字，牽強的表示「島夷」就是指南沙群島的意思。除此之外，也設法引用任何有關歷代王朝的海上記錄，滑稽的主張南沙群島是中國有史以來絕對不可分割的領土。

之後，平田成立海洋興產股份有限公司，著手南沙群島的開發，同時也開始經營海運業務，從連一文錢都沒有的青年變成了擁有五十艘船隻的實業家。一般認為，川村竹治之所以能夠成為台灣第十二任總督，其實是平田在中央當局努力奔走的結果。

在馬尼拉港，當船隻靠岸時，向官員軍警賄賂已經成為理所當然的事，但平田不僅抗拒做這種事，而且還曾經下令船長綁架上船臨檢的十幾位官員軍警，並將他們扣留到高雄。對這個事件，日本政府雖然事後向對方國家道歉，但當時的外交部長廣田弘毅是平田的舊識好友，結果竟然還感動到說：「只有平田敢做這種事。」

平田不僅以政治商人活躍在日本政界，還跟中國的宋子文、孔祥熙、王兆銘、張群和胡文虎等政治財經界人士有所往來。不過，當日本戰敗後，約有四十多萬的日本人被從台灣驅逐出去時，平田的公司也被國民黨軍隊接收，他又回到

身無一文的狀態。

　　之後的平田，在1985年逝世，享年93歲。雖然他曾經擔任遺留財產歸還運動的委員長，要求國民黨政府歸還私人財產，但被搶奪的財產一直沒有取回，平田就在這種遺憾之中走完一生。

◎台灣經濟因戰後國民黨的進駐而破壞

　　台灣在日本商人如此這般的活躍，以及為了提升國家地位而進行資金投入與技術轉移之下，轉眼之間變成了一個現代化的都市。

　　日本治台的五十年間，台灣的稻米產量比過去增加了四倍，人口也增加了一倍。對日本來講，台灣當時不僅是稻米和砂糖的出口基地，而且也是日本帝國的穀倉。二次大戰結束時，稻米的產量雖然暫時降低到六十四萬公噸，但這個數字還是可以充分供應六百三十萬人口的需要。不過，到1946年的戰後混亂收斂期時，就已經恢復到八十九萬四千公噸的產量。

　　可是，這一年的台灣卻遭受有史以來絕無僅有的饑荒襲擊，約有三分之二的人民必須靠地瓜和雜糧過活，為什麼會有這種狀況呢？原因是，二次大戰結束後，國民黨第七十軍團依據麥克阿瑟第一號命令，乘坐美國四十艘艦艇進駐台灣所致。也就是說，登上台灣的國民黨軍隊，開始把舊日本軍的八百八十九架軍機和五百二十五艘艦艇收為己有，並沒收

可以支撐二十萬士兵兩年的裝備、軍需品、醫藥和糧食；另外，台灣總督府的所有資產、以及日本人的私人企業與私人財產，合計五萬八百五十六件的資產也被沒收，以金額來計算的話約有一百零九億九百九十萬日圓，估計高達全台灣總資產的百分之六十至八十。

為了取得這些資產，蔣介石除了派遣台灣行政長官陳儀進入台灣之外，也把中統（CC派系）和軍統（藍衣社與復興社派系）兩大特務機關的人員送來台灣；除此之外，為了統治台灣，更派遣四萬三千名的公務員進入台灣，這個數字超過了日治時代的一萬八千三百名的行政人員。

二次大戰結束當時，台灣已經是日本帝國的農業生產基地，工礦業的生產值也超過了農業生產值，儼然已是一個近代化的社會，尤其，日治時代的治安狀況非常良好，每一個人都能夠安心的生活、走夜路回家。

戰爭結束後，為了逃避戰火而疏散到郊外的人，返回都市居住地時，家具財產也都和離開以前一樣，仍然維持著良好的狀態，這是因為台灣的治安已經被徹底的深化之故。這種狀態，從戰爭結束後到國民黨軍隊進駐台灣之間，維持了兩個月的穩定。日本政府從台灣撤出，即使是在無政府的狀態下，深植台灣人內心的秩序和治安還是被遵守著，宛如「桃源鄉」的幽謐空氣繼續在流動著一般，吳濁流的小說《無花果》（1969）就是在描寫台灣這兩個月的情形。

然而，國民黨軍隊一進入台灣，整個狀況就突然改變，天翻地覆起來，一下子出現了中國人的掠奪、生產停頓、物

資缺乏、社會秩序的紊亂、治安惡化、惡性通貨膨脹等等的現象，失業人口也急速增加。對台灣來講，這是一個前所未有的大災難和悲劇的開始，以下的歇後語就是在描寫當時的情形：

　　　台灣光復　　歡天喜地
　　　貪官污吏　　花天酒地
　　　警察橫蠻　　無天無地
　　　人民痛苦　　烏天暗地

　　陳儀進駐台灣之後，事態更為惡化，全台灣的產業有90%被接收，幾乎所有的產業都因為行政長官公署的介入而陷入停頓，六萬三千位曾接受大學和專科等近代教育的人才，也面臨失業的窘境，因為，幾乎所有的公營企業都被從中國來的行政人員和軍人所獨佔。

　　台灣銀行券的發行額，在戰前約為八千萬日圓，但因戰爭中的日本、台灣和朝鮮的需要而持續攀升，到戰爭末期時，台灣銀行發行的銀行券達到了十四億三千三百萬日圓。雖然如此，但在國民儲蓄的獎勵措施下，民間的通貨不停的回流國家銀行，因此並未引發物價急速上漲的嚴重事態。可是，自從陳儀進入台灣之後，開始無限制的發行紙幣，並掠奪所有的物資送回中國去賣，結果使得台灣島內的物資突然之間極度缺乏，讓台灣的居民在不知不覺中陷入饑餓與失業的困境。

　　由於陳儀濫發紙幣，因此，1947年的台灣銀行券的發行額已經達到了一百七十一億日圓，只在兩年內，就比戰爭末期超出十倍，結果，不得不在1949年6月14日時實施四萬元換一元的兌換政策，據說這時候的發行額竟然高達五千二百七十億元。

　　日本於五十年間在台灣所累積下來的財富，就在中國人的掠奪豪取之下，於短短的一年內消失殆盡，取而代之的，是中國人給台灣帶來了天花、霍亂和黑死病等傳染病。

◎台灣經濟因日本遺留下來的「士魂商才」而復甦

　　戰後，台灣經濟因中國人對台灣資源和資產的大肆掠奪而崩潰。不過，在歷經1950和1960年代的苦難與苦悶之後，台灣經濟逐漸恢復到戰前的水準，並從蔣介石和蔣經國的獨裁統治結束的1980年代後期起，成長為亞洲新興工業國家（NIES），雖然只有二千一百八十萬的人口，但已發展為外匯準備金排名全球第二的經濟大國。

　　那麼，台灣人為什麼能夠在80年代中葉的所謂「白色恐怖」的蔣介石父子的獨裁思想管制之中，和所謂「黨庫通國庫」的國民黨政經獨佔之下，建立起經濟繁榮的基礎呢？為什麼能夠努力以赴的持續要求「出頭天」（解放）呢？為什麼能夠在苦難解放之後立即躍上世界經濟大國呢？究其原因，即使說是拜日治時代所留下來的物質性遺產和精神性遺

產之賜，一點也不爲過。

　　戰後進行台灣經濟重建的企業家，如果沒有和政府或政治掛鉤的話，則可以存活下來的可能性少之又少，因爲，爲了應付政府官員的敲詐勒索，不僅要有經濟能力，還必須要有政治力量才行。這也是中國社會的特色，換言之，就是政經不分離，而且這種惡習已經傳染到最基層的公務員身上，例如，台灣人想要取得任何核准或執照時，如果不向國民黨政府的官員行賄的話，則事情完全不可能會有進一步的結果。在日治時期，這種事情幾乎不可能發生。

　　再者，取代日本警察的中國警察，也讓台灣人大爲驚訝，因爲，買東西不給錢、要求賄賂、沒教養的暴力相向等等的事情不會發生在日本警察的身上。日本警察不僅要維持治安，也要進行地籍和戶口的調查，更要一手包辦原住民的教育與醫療，因此，有些因公殉職的日本警察還會被居民當作守護神來祭拜。中國警察和日本警察的天壤之別頗讓台灣人驚訝。

　　戰後的國民黨統治，對資本家來講，除了恐怖之外已無其他可言，財產只要被國民黨政府盯上的話，則全部家族的榮華富貴就會在一夕之間煙消雲散。二二八事件當時，以陳炘爲首的台灣財政界的領導人和社會菁英，約有三萬人被凌虐而死。而且，根據台灣省文獻會所公布的資料顯示，在之後的白色恐怖時代，因莫須有的罪名而被逮捕、判刑和處決的受害人數達到十多萬人。在這個時代，由於政治犯的部分財產會被做爲獎金分給告密者和檢舉人，因此，覬覦資本家

財產的職業告密者非常活躍。

　　今天，台灣人之所以能夠在這種白色恐怖時代中咬牙度過，並成功的讓台灣成為亞洲少數近代化的國家，主要是因為在日治時代中學到「士魂商才」的武士道精神。

　　誠如前面所述，日本佔領台灣之前，台灣的貨幣經濟和商品經濟都不發達，充其量只有砂糖、茶葉和樟腦的生產而已。而台灣雖然自荷蘭人的統治時代起就被當作貿易的轉運站，但也只有西部沿海河口的二十個供平底船使用的港口，以及港口周邊的所謂「郊行」的交易商店較具商業形態，其他的內地幾乎還是維持著原始村落的狀態。

　　日本把近代產業和工業帶進未開化的台灣的同時，也讓不屈不撓、清寒和忍耐的武士道精神流入了台灣，五十年來，台灣人接觸到上述日本商人和日本警察的日本精神之後，進化成為自己本身的日本精神，而這種精神即使是在國民黨時代的逆境之中，也未被消滅，繼續活到今天。

◎繼續支撐台灣新舊財閥的武士道精神

　　如此這般，日本不僅把都市和工業近代化的硬體帶進台灣，也把日本精神和近代國家的國民意識的軟體傳授給台灣人，這也就是為什麼今天的台灣人仍然對日本擁有親切感之故。而不管是在戰前或戰後，台灣和日本雙方所擁有的關係依然是成功的關鍵，這一點還是沒變。

　　日治時代的台灣，有所謂「舊五大家族」（板橋林家、霧

峰林家、基隆顏家、鹿港辜家和高雄陳家）的豪門。在戰後，台灣則出現了「新五大家族」（連戰一家、國泰集團蔡家、新光集團吳家、統一集團吳家和永豐餘集團何家）的新興財閥。這些戰前戰後的財閥，大部分的共通之處就是會和政治保持著若即若離的關係，不過，最重要的是，總會和日本維持著某種關係。

在「舊五大家族」之中，板橋林家和霧峰林家原本就是大地主，不過，鹿港辜家的戶長辜顯榮，卻是在台北城內發生福建人和廣東人的浴血抗爭之際，因為引入日本軍隊來維持治安的功勞而成為財閥。基隆顏家的戶長顏雲年，原本是經營瑞芳金礦和煤礦的藤田傳三郎的翻譯員，不過，之後步著藤田的後塵而成為台灣礦業的巨頭。至於高雄陳家的戶長陳中和，則透過砂糖的貿易和日本的政、軍、財界建立深厚的人脈。

另外，台北的富商李春生，也因為和日本進行茶葉貿易，而成為日本各界領導人的知己。日本佔領台灣的翌年，李春生很快的把家族的子弟送去日本，接著，陳中和和其他的名人也跟著讓自己的子弟到日本留學，這時候，到日本留學變成了飛黃騰達的一大熱潮。這些子弟兵，大部分都到慶應、早稻田和明治等大學去留學，接受開明文化和增產興業的洗禮，回國之後也都成為台灣各界的新領導人。

即使是戰後的新興財閥，也有很多人都是從戰前開始就具有在日本企業工作的經驗，要不然就是趁著戰後的經濟復甦，搭上日本企業在台灣進行資金和技術轉移的列車，和日本企業展開商業往來並累積出財富。

　　從戰前戰後來看，成功的台灣企業家，幾乎都擁有一貫的冒險和進取的精神，以及渴望追求新知識和因應新時代的能力。這些東西，幾乎都是日本明治時代的人在台灣遺留下來的日本精神和武士道精神，而這也是一百年來，台灣企業家脈脈相傳的「士魂商才」。

【第三章】

大和魂開拓出
台灣博物學

◎台灣山岳地區於二十世紀初期是世界最後秘境

在台灣史上，第一次樹立政權的是荷蘭人。最初，荷蘭人在台灣設立東印度分公司，把台灣當作荷蘭和東亞貿易的轉運基地，自1624年到1661年佔領台灣，不過，佔領的範圍不大，只有台灣南部一小部分而已。

比起荷蘭人，西班牙人則是慢了兩年才進入台灣。從呂宋島北上的西班牙人，緊跟在荷蘭人之後，控制著淡水周邊的台灣北部地區，佔領期持續十六年。之後，鄭成功家族雖然於1661年把荷蘭人驅逐出去，開始佔領台灣，但鄭成功王朝卻在1683年被清朝滅亡。從此以後，清朝掌管台灣的時間達兩百一十二年之久。日清戰爭後，台灣因馬關條約而永久割讓給日本，台灣的宗主國轉移到日本，二戰戰敗之前的五十年間都受日本的統治。

比起荷蘭人或鄭成功家族所控制的極小部分台灣，清朝所掌控的範圍就相當大，縱然如此，其範圍亦只不過是台灣西部海岸一帶的平地與台地、以及東北與東南的一部分地區而已，矗立在台灣中央的山脈地區和東部地區仍然處於未開化的狀態。也就是說，截至清朝為止，台灣約有三分之二的地區仍然是國家權力達不到的聖域（蠻荒區），就在這種清朝主權無法擴及台灣全島的情況下，當時遂陸續出現了各列強國家的領土主張。

　　那麼，清朝帝國既然可以征服東亞各民族，並掌控台灣超過兩百年之久，為什麼卻無法讓清朝的權力擴及到台灣全島呢？究其原因，主要是清朝把台灣當作「荒蕪之地」和「化外之地」，除了斷斷續續採取山禁和海禁外，也禁止漢人渡海遷徙到台灣來開發。

　　明治維新之後的1871年，台灣南部的牡丹社發生漂流到岸的琉球人被殺害的事件（牡丹社事件），因為這個事件，日本決定對台灣出兵，所以，西鄉從道於1874年率領日本軍隊登陸台灣。這時，對這個事件感到憂心的清朝，也派遣欽差大臣沈葆楨到台灣，開始積極進行所謂「開山撫蕃政策」的山地開拓工作，清朝的軍隊根據這項政策，自1874年（光緒元年）到1894年的二十年間，連年不斷的討伐山岳民族，但都鎩羽而歸，屢遭失敗。

　　進入日治時代之後，國家權力才開始延伸到台灣全島。第五任總督佐久間左馬太上將，於大正時期完成了征服山岳民族的宿願，使台灣全島有史以來第一次被一個政權所完全統治。

　　截至二十世紀初期為止，台灣的山地從來沒有被外來權力侵入過，因此，佔台灣三分之二面積的「未開化之地」、且是「未知世界」的台灣山地，仍然處於秘境的狀態，堪稱是世界最後的秘境，因為，不只是地形、地貌、地質和生養的動植物，連居住在該地的原住民生活，外界也幾乎都一無所悉。

　　而且，當時也沒有想解開謎底、對自然科學擁有好奇

心與追求心的人物存在。原住民或外來的漢人居民，對動植物的關心，頂多只是「可不可以吃」和「可不可以使用」的實利性關心而已；更何況，山地裡面還存在著獵人頭的泰雅族，因此，每一個人都心存恐懼，不願靠近山地。

日本佔領台灣之後，這些充滿神秘的山地，隨著日本動植物專家不顧生死進入探險和研究後，終於揭開了面紗。

◎日治時代之前的台灣調查殘缺不全

在這裡，先稍微談一下日本佔領台灣之前的台灣島內狀況。

進入大航海時代之後，「謎之島」和「恐怖之地」的台灣，吸引了很多西方探險家的注意。自稱是台灣人的法國人喬治，於1704年出版了《福爾摩沙的人文地理學》，在這本僞書中，他隨便介紹了荒唐無稽的台灣王國的人文、歷史和地理，結果給探險家們帶來很大的衝擊。之後，依據1888年所出版的《台灣記》，他的書被踢爆是「從當時東方航海中的水手們的敷衍筆記上」所摘錄出來的。不過，如此一來，反倒使西方人對台灣的關心度越來越高。

十七世紀荷蘭佔領台灣的情形，在《巴達維亞日記》之中有詳細的記載。當時，佔領台灣的荷蘭和西班牙，為了尋找金礦，數度派出多支探險隊到台灣的北部和東部來探勘，而這本書所介紹的，就是這些探險家在台灣的所見所聞。

在清朝時代的台灣，有一位叫做郁永河的人物，為了

尋找硫黃，從安平開始一路來到淡水，並將所有的行程都彙集在《稗海紀遊》、《蕃境補遺》、《海上事略》和《偽鄭紀事》等書籍之中。這些書籍就像是司馬遼太郎的《台灣紀行》。

而以台灣探險家聞名的，是在1771年被俄國俘虜的波蘭貴族貝尼奧斯基（Maurice August Benyowsky）等一行人。總數有二十八人的這一行人，在被帶往西伯利亞的途中，搶奪了俄國軍艦可畏號（Corvett）後，自堪察加灣脫逃而出。根據文件記載，他們沿線南下，漂流至台灣東部海岸，登陸之後雖然嘗試進行台灣島內的探險，但結果卻遭到原住民的襲擊。

德國的地質學大師李希霍芬（Richthofen），於1860年從印度的沙龍島橫渡台灣海峽，進入台灣北部的淡水港之後，隨即開始進行北部的地質調查，他所發表的著名論文《台灣北部海岸的山岳結構》，使他成為台灣地質學的鼻祖。

如此這般，台灣探險的先驅者雖然為數不少，但每一個人都只進行極小部分的台灣調查。真正開始對台灣的地理、地質、地貌和氣候進行整體性的調查，則是從日治時代之後才開始，這些調查給台灣帶來了黎明的曙光，讓台灣從此勇往直前向著「文明開化」和「增產興業」前進。

◎跨越死亡威脅，向探索台灣挑戰的日本研究人員

開國維新之後，日本國內捲起了一道文明開化的漩渦，

這道漩渦正是讓日本得以在日清戰爭和日俄戰爭之中獲勝的動力。這個日本最有動力的時代，其能源基本上不是倭寇時代積極向海外擴張的那種類型。例如，在日治之前到台灣來探險的日本人當中，就有後來成爲台灣第一任總督的樺山資紀海軍少尉這號著名人物；同樣的，水野遵（第一任台灣民政長官）、福島禮介（後來的廈門領事）、黑岡勇之丞和成富清風（上海留學生）等人，也都是在這個時期來到台灣進行視察與探險的人物。

1871年7月奉命到清朝留學的水野，於1873年4月正在香港就讀時又接到全權大使副島種臣的命令，從香港進入淡水來到台灣視察情勢；在這之前，水野的親友黑岡也爲了視察蕃情，早已從上海經由淡水進入台灣；另一方面，樺山少尉的台灣南部視察，則等到1874年才開始，水野這時才以海軍翻譯官的身份和樺山展開南部的探險。

日本佔領台灣之後，這個動力飛越海洋，朝亞熱帶的台灣島靠近。結果，冒險家、探險家，以及以動植物學家爲首的自然科學家，都趁著這股潮流，在好奇心的驅使之下，爭先恐後的以台灣這塊未開之地做爲目標。

這時的台灣，正處於連「霍亂等風土病」、「匪賊」和「生蕃」的威脅都無法克服解決的狀態。在日治時代之前，台灣有這樣的俗語：「人一到就生病、一生病就死」、「十去、六死、三留、一回頭（十人去、六人死、三人留下、一人回去）。」可見，當時的風土病非常嚴重。

衛生狀態也極爲惡劣，水是含有毒性的水。清朝佔領台

灣時，當時的海防司令孫元衡，曾經創作「瘴氣山水歌」，把台灣的山水充滿瘴氣的情形記錄下來。1714年，康熙皇帝為了繪製地圖，派遣了三位傳教士到台灣，隨同他們過來的護衛不相信台灣的水是毒水，頑固的喝下泉水之後，就在五天內死亡。

另外，1895年時，就在簽署將台灣永久割讓出去的馬關條約的前二十二天，日本軍雖然攻下澎湖群島，打敗了清軍，但登陸澎湖島時，卻有將近一千人因感染霍亂而病死，這些人被埋葬在朝陽門外的七星埔，也就是今天還在祭祀的「千人塚」。

再說，台灣也有「匪賊」和「生蕃」的威脅。所謂「生蕃」，就是清朝對原住民的稱呼，大致上，係指生活於化外之地、反抗的原住民而言，但已歸順同化的原住民則稱為「熟蕃」。在清朝佔領台灣的時代，曾有漢人拚命屠殺「生蕃」的記錄，特別是從1874年起的二十一年間，「生蕃」不斷遭到漢人的討伐、殺戮和土地掠奪，「漢」與「蕃」的對立相當激烈。不過，即使不斷的殺戮與掠奪土地，漢人能夠掌握的範圍也只有台灣西岸的平原，因此，日本進入台灣的初期，台灣三分之二的土地還是屬於原住民的世界。

當時，大家都知道，台灣山地民族的高砂族，向來就有「出草」獵人頭的習慣。山地民族雖然並不一定都有「出草」的風俗，但在日本佔領台灣的初期，出草造成的「蕃害」事件卻非常多，每年總會發生數百件，會有數百人遭原住民的殺害，據說，犧牲人數當中漢人比日本人還多。

　　根據1912年的調查，因「出草」而傷亡的人數為一千兩百九十七人，其中死亡人數達到七百六十一人；而在1920年的調查中，雖然傷亡人數已減少到兩百五十一人，但犧牲者還是很多，當然，犧牲者也包括日本人。

　　因為這樣，所以山地調查經常具有被殺害的危險。事實上，在日本佔領台灣的初期，深堀安一郎陸軍上尉所率領的台灣縱貫道路中區探險隊，於進行中央山脈探險時，曾遭遇「生蕃」的襲擊，最後也不得不宣告探險失敗，結果，深堀上尉在探險途中切腹，人頭隨後也被取走。

　　像這樣，連軍人也有調查上的困難。不過，縱然如此，研究人員還是積極勇敢的向台灣的自然之謎挑戰，不怕橫互在眼前的各種威脅，想踏遍台灣的山岳、溪谷和離島，以探索新品種的動植物，這一點就和想開拓新田地的農民不同。在惡劣的環境中，因為要進行持續性的探索，所以這些研究學者都被要求具有勇氣、耐力、堅強意志和強韌的體格。其實，他們大都擁有堅強的意志，為了建立學問基礎、為了國家和為了人類貢獻一己之力，並以文明人的態度在台灣尋求人生的價值。

　　這些動植物學家，既是台灣的自然研究人員，也是自然的開拓者，同時更負起了保護自然的責任，但可惜的是，可以名留青史的只是當中一部分的知名專家而已，並非每一個有功勞的人都可以留名後世，至於他們留在台灣的業績，即使是在日本本土也似乎早就被遺忘掉了。

　　但其中有一些活躍於台灣的動植物學家，是絕對不能被

遺忘的，因此，在這裡將盡可能詳細的介紹這些台灣動植物
界的大功勞者。

◎超越歐美研究成果的動物學家

多田綱輔是第一位在台灣本島以及離島的紅頭嶼（蘭
嶼）與澎湖群島進行動物採集的日本人。日本佔領台灣之後
的1896年8月，他以東京帝大助教的身份，來到台灣進行動
物調查。在瘟疫蔓延的極危險環境中，以一年又五個月的時
間在台灣各地踏下了他的足跡，所搜集到的動物標本，計有
十種哺乳類、八十多種鳥類、一百多種魚類、七種兩棲類、
十八種爬蟲類、七十多種昆蟲類、二十六種甲殼類、十多種
棘皮動物、一百多種軟體動物和數種珊瑚類。他所留下來的
《宜蘭探險紀行》、《台東探險紀行》和《紅頭嶼探險紀
行》等記錄，不僅是動物研究的範本，也是瞭解一百年前台
灣風俗與自然非常珍貴的遺產。

菊池米太郎（1869～1921）是因成功捕捉「帝雉」而聞名
的人物。他把在阿里山捕捉到的「帝雉」標本送到歐洲，向
學術界發表，在全世界打響了「帝雉」的名號。「帝雉」是
二十世紀初期被發現的台灣高山珍禽，係菊池接受明石元二
郎總督的命令，進入深山幽谷經過五十天之後成功捕獲的動
物。由於相當珍貴，因此捕獲之後被獻給日本皇室。菊池是
宮崎縣人，於1906年進入台灣總督府的殖產局工作，在十六
年的動物標本採集期間，他的足跡遍及全台灣各地。他是明

治和大正時代中最有名的台灣動物採集家，於1921年過世，享年53歲。

黑田長禮（1889～1978）博士，生於東京的赤坂，爲東京帝大動物學系畢業的理學博士，在鳥類的分類與生態分布的領域上非常出名，後來被稱爲東亞地區鳥類分類的集大成者，曾經是日本鳥類學會會長，也是日本生物地理學會的創始人，對鳥類研究的活性化更是積極參與。

於1916年來到台灣的黑田，除了參加已有二十年歷史的「台灣勸業協進會」外，也開始在台灣進行鳥類的搜集與調查。由於黑田認爲紅頭嶼在生物地理學上和菲律賓北部的巴坦島（Bataan）是處於同一地理位置，因此，他遂透過哺乳類的研究來加以求證。黑田爲數不少的精心研究，讓台灣的鳥類研究超越了歐美國家的研究成果，像《原色日本哺乳類圖說》（含台灣）和《台灣哺乳類動物研究史》（1952）都是他的精心傑作。這位台灣哺乳類的研究先驅，不幸於1978年去世。

堀川安市

出生於長崎縣的堀川安市（1884～1970），於1907年通過師範學校農業科教師的考試後，曾在熊本縣球磨農業學校、岐阜縣農業學校和市立長崎海星中學等地服務，從1917年起分別在台灣國語學校和台北師範學校擔任導師和訓導的職務，1927年擔任台北第二師範學校導師

之後，被轉調到台灣總督府博物館工作。

　　堀川安市的專長雖然不是動物學，但是在因緣際會之下，從1917年起開始在台灣從事動物的研究，1921年和黑田長禮共同出版《台灣鳥類總目錄》，1931年和1941年則分別出版《台灣哺乳動物圖說》和《台灣之蛇》，而「堀川蝙蝠」和「堀川蝸牛」則是以他名字來命名的生物。堀川雖然是業餘的動物研究家，但熱衷程度不輸給任何人，也留下很多研究論文，1947年4月回到長崎的故鄉之後，台灣的生活也劃上了休止符。

　　青木文一郎（1883～1954）是研究台灣鼠類的著名人物。米和砂糖是台灣1930～40年代的主要出口農作物，為了保護這些重要的米和砂糖，就有必要研究驅除鼠害的方法，其中，功勞最大的人就是青木。青木出生於岐阜縣，畢業於東京帝大動物系，1927年以台灣總督府高等農林學校教授的身份來到台灣，兩年後的1929年晉升為台北帝大教授，1942年成為理農學院的院長。戰後，回到日本擔任岐阜大學第一任校長，1954年去世，享年72歲。在1940年代，他和立石新吉受台灣總督府的委託，進行史蹟天然紀念物調查時，將「水雉」和「穿山甲」列為其中的項目。

青木文一郎

◎對台灣農業生產有所貢獻的昆蟲學家

松村松年

在日本也相當出名的昆蟲學家松村松年博士（1872～1960），出生於兵庫縣明石町，曾經擔任過札幌農業學校、東京帝大和北海道帝大的教授。松村的著作《日本昆蟲學》是日本第一本近代昆蟲學的單行本，對日本昆蟲名稱的統一和建立有很大的貢獻。他也曾經擔任過日本昆蟲學會的會

松村松年（右一）與其門生（右三：素木得一，右四：三宅恆方）

長，因此，被尊稱爲「日本昆蟲學的始祖」。

　　在日本國內遠近馳名之後，他來到台灣進行蝶類的研究，在1905～1940年的三十五年之間，台灣蝶類三百多種之中的五十六種，都是由他所命名。松村在北海道帝大時，渡邊龜作等一些熱心的研究人員，就已經在進行早期的台灣蝶類的研究，所以，他們對松村提供了很多蒐集到的樣本。

　　渡邊龜作自1903年起就在新竹北埔駐在所負責山地巡查任務，除了對警察工作認眞負責外，也非常熱心的採集蝶類的標本，但不幸的是，渡邊在1907年的北埔事件之中遭到原住民的襲擊而殉職。渡邊黃斑蔭蝶和渡邊鳳蝶，都是因爲渡邊的發現而取其名。

　　在松村的門生之中，三宅恒方、素木得一和一色周知等三人，都是在台灣留下名氣的昆蟲學家。

　　素木得一博士（1882～1970）出生於北海道函館，畢業自札幌農業學校，1907年服務於台灣總督府農業試驗場，1942年成爲台北帝大理農學院的院長，一直到屆齡退休之前，堪稱是一位把後半輩子貢獻給昆蟲研究、害蟲研究和養蠶研究的熱心學者。從1920年起，開始擔任台灣博物學會的會長，總共有十八年之久。1930年時，獲得石塚英藏總督的支持，參與台灣史蹟天然紀念物調查會，對史蹟的指定有很大的貢獻。戰後，除了被正式聘用爲台灣植物病蟲害的教授外，也歷經台灣省諮議委員、台灣大學圖書館南方資料室主任和台灣農業試驗場技師等職位。他於台灣發生二二八事件的1947年回到日本，逝世於1970年，享年88歲。

　　身為松村門生的素木，除了因建立台灣昆蟲學研究基礎而獲得高度的評價外，也留下了包括一百五十多篇論文（其中外文四十二篇）在內的很多寶貴資料，昆蟲學方面的著作也很多。他對研究工作的熱衷，一直到逝世之前都未曾懈怠，還在臨終前一年的1969年出版了《憶往事》回憶錄，更完成了長年宿願的《分類昆蟲學大綱》。

　　在台灣四十多年的時間，素木一直是台灣昆蟲學會的領導人。曾針對台灣農業長期以來的病蟲害問題，攜同一些專家遠渡美國，引進病蟲害的天敵澳洲瓢蟲。素木也在1916年參與植物檢查所的設置工作，因此，他花了四十多年的時間，採集數萬種的昆蟲標本，並在總督府農業試驗所收集數千冊的圖書，埋頭研究預防台灣病蟲害的方法，對台灣的農業發展留下了不朽的功績。但台灣戰後的教育，卻幾乎沒有教導昆蟲方面的事，所以，即使到今天，能夠從台灣數萬種昆蟲之中分辨出一部分的學生也不多。

大島正滿

　　還有一位在台灣的動物研究上留名的人物，那就是別名叫做尾島烏秋的大島正滿博士（1884～1965）。他出生於札幌，1908年自東京帝大理科大學動物系畢業之後，即擔任台灣總督府中央研究所動物部的主管，1935年在台灣山區發現寒帶鱒後，開始展開鱒魚的分布生態學研究，因此，後來成為有關淡水魚研

究的台灣動物地理學先驅。

　　1907年大島還在唸書時，就曾因為叔父台灣總督府土木局長長尾半平的推薦，而來到台灣進行白蟻的研究。當他在《動物學雜誌》發表白蟻在台灣的危害調查與報告後，隨即引發了白蟻的爭論，大島的名字一下子成為大家矚目的焦點。之後，他更把研究範圍擴大到台灣的蛇類和鳥類上。他在1920年取得台灣淡水魚研究的博士學位。他所發現的熱帶地區的台灣高山鱒，於1938年被台灣總督府指定為天然紀念物。

　　楚南仁博（1892～1984）因台灣產「楚南氏山椒魚」和「楚南三線蝶」而被大家所熟悉，他自成蹊中學夜間部畢業後，於1908年來到台灣。翌年，台灣總督府博物館成立，藉著在裡面工作的機會，他把所採集到的昆蟲製作成標本，這時候的他只有17歲，而工作夥伴是同為17歲的稻村宗三。在1912年到1916年之間，楚南進入日本海軍服役，參加了第一次世界大戰之中的青島戰役。退役之後，楚南成為素木得一博士的助手，埋首於昆蟲學的研究上。戰後，楚南把姓名改為南川，並在農林省東海近畿農業試驗場和日本植物防疫協會等處工作，逝世於1984年。

　　楚南從1912年起，約有三十年的時間，雖熱衷於鳥類和茶葉的研究，但在應用昆蟲研究方面也留下很多的實績。他所發表的論文，在日本學者

楚南仁博

之中也是最多的，多達一百篇。棲息於霧社三千公尺亞熱帶地區的高山山椒魚，也是他在1920年所發現的。

鹿野忠雄（1906～1945）出生於東京市淀橋柏木，1923年畢業於東京開成中學，在19歲的1925年渡海來台，並就讀於台北高等學校，1930年進入東京帝大地理學系，三年後畢業。鹿野之所以來到台灣，主要是因為閱讀了昆蟲學家江崎悌三（1899～1957）的《台灣紀行》和《台灣採集旅行記》，被台灣的自然之美所吸引，並立志終生在台灣進行博物研究。

為了實現夢想而來到台灣的鹿野，在台灣總督府的囑託之下，開始進行台灣原住民和南方民族的研究，同時，也因受日本陸軍的委託，而在菲律賓和北婆羅洲進行民族研究調查。他的研究範圍相當廣泛，包括昆蟲、鳥類、哺乳類、生物地理學和人類學等方面，熱心的研究成果讓他成為台灣博物學的第一人。來到台灣的鹿野，不但喜歡人跡未至的山岳和溪谷，還進入危險未歸順的獵人頭民族的居住地區採集動物標本，他描寫這種情況的高山紀行，即使到今天，也仍然被稱許為是當時台灣高山文學的巨擘。

從台北高等學校時代就出入危險地區的鹿野，已被身旁的人視為是奇人異行，事實上，在台灣之中，他也是一位擁有最不可思議能力的人，可以輕鬆適應原始森林，並和勇猛的危險生蕃溝通。這位天生異稟的博物學家，格外喜

鹿野忠雄

愛台灣的自然，幾乎踏遍台灣的山岳和密林，到最後，竟然出現想成為台灣泰雅族族人的想法，他這種思維在很多的山林文學中都可以見到。

在台灣，超過三千公尺以上的高山有兩百五十八座，根據台北帝大地質學家早坂一郎的調查，這些高山曾經有被冰河覆蓋的時期，早坂於1929年把台灣的冰河說寫成論文。接受這種說法的鹿野忠雄，於1932年開始進行冰河遺跡的實地調查，想要驗證早坂的學說，在這方面鹿野留下了很多的研究論文，但台灣冰河說的爭論之後仍持續了很長的時間，未有共識。不過，到1998年的冰河地形調查時，才終於出現了確實的驗證結果，讓曾經做過同樣實證工作的鹿野再度引起注意。

大東亞戰爭的末期，鹿野受陸軍的委託深入婆羅洲的密林進行調查，結果，傳回來的消息是，他進入原始密林之後就杳無音訊，假如鹿野不在婆羅洲的密林消失的話，恐怕戰後日本博物學界的領導人非他莫屬，台灣對他的失蹤至今還是非常的婉惜。關於他的一生，山崎柄根教授的《鹿野忠雄——被台灣魅力所吸引的自然學家》（1992年，平凡社）有詳細的說明。

◎來自東京帝大的三位學者

在日本佔領台灣之前，台灣植物的標本採集工作，大都是假西方人之手來進行。1858年6月，英國人威爾福（C.

Wilford）航行到台灣，從東海岸向北迴轉，經過澎湖群島，最後抵達廈門，在這二十四天期間，他採集到七種新品種的植物。駐廈門的英國領事史溫侯（R. Swinhoe），除了肯定威爾福的功績外，也和他一起再度造訪台灣，據說，這次威爾福又蒐集到十一種新植物。

1864年，奧德漢（R. Oldham）搭乘測量船抵達台灣，在北部的淡水和基隆附近採集到七百種左右的植物，發現其中有十種新品種，遺憾的是，後來他也一去無回。

之後，清朝海關關員英國人韓威禮（W. Hancock）自1882年起，花了一年的時間在台灣的山中採集羊齒類植物。接著，上海關員英國人亨利（A. Henry）於1892年登陸高雄後，一直到日本佔領台灣的1895年，都在當地進行植物的採集工作，他的成果於1896年以〈關於台灣的植物〉為題刊登在雜誌上，該論文總共談到一千四百二十八種的植物。

不過，英國人採集植物時，大部分都在海岸附近地區進行，幾乎沒有英國研究員會進入山中採集，不，應該說是幾乎不可能，為什麼呢？因為，除了山中有凶猛的蕃族外，山腳下也有極為猖獗的瘴氣肆虐，英國人對「黑暗之地」（Terra Ignoto）充滿著恐懼。

真正認真對山林和山岳進行探險，畢竟還是從日本佔領台灣之後的1895年才開始。

日治時代的台灣，很多的植物學家也和動物學家一樣，留下了非常龐大的研究成果，其中，有從東京帝大派來台灣研究植物的所謂三人組，這三人組就是牧野富太郎（1862～

1957）、大渡忠太郎和內山富次郎（1851～1915）等三位學者。

　　他們於1896年12月20日從東京出發，爲了採集植物，他們造訪了台灣各地。眞正的植物調查，雖然是從這時候才開始，但日本對台灣的植物調查與研究，早在這之前就已經緩慢的在進行之中。1874年日本爲了牡丹社事件派兵到台灣時，栗田萬次郎就已經在和原住民的戰鬥中採集植物，並將相關資料發表在植物學雜誌上。

　　而在1895年的佔領台灣之役中，第二師團的砲兵中尉平瀨、士官長川上（川上瀧彌之兄）和田代安定等人，也都在戰地上進行植物的採集。

◎功績涵括植物學、林業和有用植物栽培

　　牧野富太郎出生於高知的釀酒之家，小學沒唸完就於1884年來到東京，之後，在東京帝大植物學教室和矢田部良吉、松村任三等人一起研究植物分類學。1889年，新品種的「大和草」被定名之後，他成爲國際植物學名的第一位日本命名者。1927年取得理學博士，並致力於植物知識的推廣，1940年因出版《牧野日本植物圖鑑》而讓他在1950年成爲日本學士院會員，且獲得1951年的文化功勞獎。1957年，以97歲的高齡辭世，留下很多漂亮的成績單。

　　的確，牧野不僅是將日本的本草學歸納在植物分類學上的第一人，而且，對台灣植物學的貢獻也很大。在台灣本土

牧野富太郎

植物之中，有十二種是以牧野的名字命名，而有關牧野的傳記和文獻也有五十種左右，可見他的功勞有多大，在東京的練馬區還有紀念牧野的庭園。

　　大渡忠太郎的出生日期不詳，1897年自東京帝大植物學系畢業的前一年，來到台灣進行植物的調查，調查的結果以〈台灣植物探險紀行〉爲題發表在《植物學雜誌》上。東京帝大畢業當年的11月，他再度以將近半年的時間參加台灣植物的採集。在台灣的植物當中，以大渡的名字做爲開頭的植物有四種；他也曾將一百年前的台灣植物和風土人情，以〈台灣有用植物篇〉爲題發表在《植物學雜誌》上。有關他的記述，可以從《大渡氏──台灣通訊》（1898）、《地理學雜誌》的〈台灣探險記〉和〈台灣的植物〉（1899）等資料上窺見。

　　田代安定（1857～1928）出生於鹿兒島，1869年進入柴田塾學習，1874年到東京遊學，隔年成爲東京博物館的助手，並進入田中芳男（因創設該博物館、上野動物園和東大農學部而聞名）的門下學習植物學。在1895年的日清戰爭之中，他踏上了澎湖群島的軍事區，經過一番奇遇之後，最後進入台灣總督府殖產局工作，擔任熱帶植物培植所的所長。

　　田代的專長是植物調查和人類學。1892年時，他擔任東

京地理協會的主任，當時的會長是北白川宮能久親王，之後，在榎本武揚的斡旋下，以東京地理協會地理探險的名義，擔任軍事區唯一的研究員，在每月三十日圓的優渥待遇下經歷了澎湖群島的戰爭。

此後的三十年間，他以總督府民政局殖產技師的身份，在台灣的植物和森林之中進行調查工作。日本佔領台灣的隔年，田代提出了相當於台灣東部開發計劃書的《台灣殖民地預察報告》，在報告中，他除了製作出台灣東部的正確地圖外，也提出有關居民調查、水利、港灣和殖產興業等方面的開發計劃。即使是今天，他的名字還是被當作台灣東部殖民的最大貢獻者繼續口耳相傳，當時的台灣東部是原住民有兩萬六千人、漢人只有四千人的「化外之地」，仍然是未開發的地方，直到日治時代之後，才真正開始對台灣東部進行殖民政策。

田代安定早在日本佔領台灣之前，就已經在八重山、宮古島、沖繩和奄美大島等地進行植物調查，這些經驗對台灣的研究有很大的幫助。他還被譽為熱帶農林業的推動者，對台灣的熱帶植物的培育有很大的貢獻，台灣的可可亞、咖啡和椰子等亞熱帶經濟植物的栽培，之所以成為當時的一大產業，大部分也是田代的功勞。身為林業家的伊藤太右衛門，在他的著作《台

田代安定

灣林業界的今昔》（1942）之中，有這樣的記載：「當時，
農業試驗場負責人的藤根吉春、恆春培植場的田代安定和台
中縣樟腦局的小西成章等三人，被稱爲『三大奇人』。」不
管是不是奇人，二十二種台灣植物之前都冠有田代之名，他
的功勞已被永遠留下來。

　　因台灣開發和推展林業有功而名垂不朽的田代安定，於
1928年逝世，享年73歲。翌年，他的紀念石碑就矗立在台北
市三板橋公墓之中，這個漂亮石碑是由新渡戶稻造所建立，
銅板碑文是由台灣知名評論家尾崎秀眞所撰寫，再由吉田耕
治親筆書寫上去。矗立石碑的這個日本人公墓也相當出名，
因爲，乃木上將的母親和明石元二郎總督的墳墓也都在這
裡。

　　植物分類學家早田文藏（1874～1934），出生於新潟縣南
蒲原郡加茂町，1903年畢業於東京帝大植物學系，1907年獲
得理學博士，因爲同鄉的川上治二郎工學博士的緣故，而完
成了《台灣植物圖譜》（全部十卷）、《台灣高山植物誌》、
《台灣植物資料》和《台灣植物總目錄》等書籍。

　　當時的台灣植物研究，若沒有防止「生蕃」和「匪賊」襲擊的預防計劃，就無法順利進行，因此，早田每次進行植物採集，都必須接受騎馬和射擊的訓練。早田的台灣植物研

早田文藏

究，後來是由門生山本由松繼續接手，這期間又有很多植物被發掘出來，在著名的中國旅行家亨利（Henry）的《台灣植物目錄》之中，雖然記載了一千四百四十六種的植物，但其實，以早田的研究成果而言，應該再增加兩千三百多種才是。

過去，「生蕃」的地區，由於被外國人認爲是危險地帶而不敢進入，因此，世界植物學界把「生蕃」之地稱爲「世界黑暗地域」，誰也不敢把腳伸進去。不過，在早田介紹該地域的諸多研究成果之後，已經讓更多的植物研究變成可能。

他去世之後，在台北植物園內舉辦的早田博士三周年忌日上，著名的雕刻家北村西望所雕刻的石碑被豎立起來，但可惜的是，這個石碑因戰後的混亂而失蹤了。在中國國民黨掌控下的台灣，除了國家元首外，已經不容許其他紀念碑的存在，更何況是日本人的石碑那有存在的道理。尤其，在中國，即使石碑被建立了，也大概在下一代就會消失不見，這種常識可以從中國很多歷代皇帝的巨墓被盜挖一空的廢置狀況獲得證實。國民黨統治台灣後，當然也會出現同樣的現象。

◎日本研究人員留下前所未有的台灣博物誌

造林學家金平亮三博士（1882～1948），出生於岡山縣，

金平亮三

畢業於東京帝大農科大學林學系，1910年來到台灣，歷經台灣總督府技師和中央研究所林業部長等職位，於1928年返回日本，回國後，成為九州帝大的教授，頗為活躍。在1920年時，他以《台灣樹木的解剖學研究》取得林學博士的學位；另外，也以《南洋群島植物誌》獲得了「日本農業獎」。他逝世於1948年，享年67歲。在台灣的二十年間，他對有用樹木的研究，已詳細記錄在《台灣樹木誌》之中，這本巨著被認為是台灣植物分類學的基礎，《熱帶有用植物誌》也是他留下的著作。

山木由松（1893～1947）出生於福井縣鯖江町，1923年時畢業於東京帝大，1928年擔任台北帝大助理教授，1934年取得理學博士的學位。不幸的是，山木在蘭嶼採集植物時被恙蟲刺傷，隨後病逝於台大醫院，享年53歲。山木在生前，繼續承接老師早田博士的研究，完成了五冊的《台灣植物圖譜續》，對七十多種的新植物加以命名，並致力於各項研究。如果不是因為突如其

山木由松

來的死亡，否則山木應該也會像戰後的正宗嚴敬、日比野信一等教授一樣，成爲留在台灣大學繼續從事研究工作的珍貴人才。

工藤祐舜

植物分類地理學家工藤祐舜（1887～1932），生於秋田縣平鹿郡增田，父親工藤祐哲是眞宗東流山通覺寺的第十九代住持。自中學時代起就對植物感到興趣的工藤，後來進入鹿兒島第七高中唸書，1912年畢業於東京帝大植物學系，1917年擔任東北帝大的助理教授，1923年以《幌筵植物誌》的論文獲得東京帝大的理學博士，1928年成爲台北帝大理農學部植物分類學的教授，並兼任附屬植物園園長。然而，就在意氣風發的1932年，工藤因心臟病而以40多歲的壯年突然去逝。他在植物分類學上的成就，獲得很高的評價，被日本天皇頒發五等瑞寶勳章；在台北帝大的時期，他首度創設植物分類學，並開設東京帝大之外的第二帝大講座。在台灣的植物中，冠有工藤名字的有五種，被他命名的新種植物達五十三種，也留下了《台灣的植物》的著作。

正宗嚴敬（1899～1993）生於岡山縣和氣郡伊里村，於1929年畢業自東京帝大理學部植物學系，並從該年起擔任台北帝大理學部的助手，1934年升任爲台北帝大助理教授兼農林專門部教授。在戰爭結束的1945年取得理學博士學位，

川上瀧彌

從1950年到1965年的十五年內，擔任金澤大學的教授，對研究工作相當勤奮，有《植物地理學》（1936）、《最新台灣植物總目錄》（1936）和《台灣植物目錄》（1954）等著作。

山形縣松峯町出身的川上瀧彌（1871～1915），自札幌農業學校畢業之後，擔任北海道縣政府的顧問，後來成爲熊本縣縣立熊本農業學校的老師。1904年，成就已獲得公認的他渡海來到台灣，歷經台灣總督府技師、農業試驗所植物病理部長、有用植物調查事業主任、台灣博物學會創始人和總督府博物館第一任館長等職務。可惜的是，川上於1915年以44歲的年齡突然去世，不過，在崛川安市的《台灣動植物探險略史》之中，對他的成就有詳細的描述，書中說：「川上所發現的植物很多，以他的名字爲名的植物有四十多種。」《花》是川上所留下來的世界名著。

島田彌市

島田彌市（1884～1971）是從事台灣植物研究調查和台灣農業試驗改良的人物，他出生於熊本

縣八代郡東陽村，畢業於熊本農業學校，由於在學校中曾經
接受川上瀧彌的指導，因此，畢業後就隨著川上來到台灣。
在台灣，他首先擔任台灣總督府農業試驗所殖產局的技師，
在1932～1941年之間，曾擔任台北帝大理學部的顧問和台北
州立農業傳習所的所長，而自1941年起至1946年止則在很多
機關服務過，也曾經是台灣農會的技師。島田在台灣的植物
研究與農業試驗改良上灌注了四十年的心血，其中，尤以新
竹州西海岸防風林的設置、木麻黃樹的利用和台灣椪柑的品
種改良等實績最值得稱道。島田除了本身的自傳外，還留
下八冊的《台灣重要農作物調查》的著作，而在台灣植物學
的學名之中有二十八種冠有島田的名字，他在1946年返回日
本，1971年以87歲的年齡結束一生。

　　佐佐木舜一（1888～1961）出生於大分縣，比誰都熱愛山
林。30歲時，為了蒐集台灣植物而來到台灣，曾隨著高山
氣象觀測隊登上最高峰的新高山
（玉山），並在川上瀧彌主任的指
導下每天日以繼夜的研究植物，
研究的內容被發表在《新高山的
植物帶及其生態學的觀察》的論
著之中。做為植物學家的佐佐
木，雖然學歷不明，但卻走遍台
灣的高山和離島，以三十多年的
長時間從事植物的研究調查，留
下了很多的功績，冠上他名字的

佐佐木舜一

植物有二十四種，著作有《台灣藥用植物調查報告書》和《台灣植物名鑑》等多種。戰後返回日本後，於1961年逝世，享年74歲。

在這些日本動植物學家對自然永無休止的探索與研究之下，充滿謎團的台灣自然環境，在進入二十世紀之後，終於呈現在世人的面前，鉅細靡遺的被記錄在前所未有的台灣博物誌之中。這種結果，不僅開啓了近代科學，而且也對台灣的近代農業和近代產業有很大的貢獻，更培育出數不清的博物學界的人才。

在戰後出版的台灣史之中，雖然報導日本佔領台灣的五十年間是一個「榨取、掠奪、暴行、放火」的時代，但這樣的史實只實際存在於鄭朝、清朝和國民黨政府的時代。對台灣的近代化有所貢獻的人，除了學校教師和警察外，還有這些擁有耿直且堅強意志的日本技術人員和科學研究人員。即使是今天，台灣人所尊敬的日本人，並不是戰後的日本人，而是戰前的日本人，這一點，日本人本身也必須要知道。

◎富有勇氣和冒險心的日本學者的武士道精神

戰後，國民黨政府統治台灣時，除了將反日教育列爲基本國策外，另一方面，爲了隱匿掠奪台灣的資產和殘殺台灣人的事跡，也制定了新聞電波管制法以掌控所有的媒體，並

將日本佔領台灣的五十年，寫成是一段反日和抗日的歷史，認定日本除了掠奪、榨取和殘殺外，無一可取之處，極盡所能的對台灣人的思想進行控制。

當然，這些所謂的史實不消說都是一派謊言。

對中國人這種勢利的民族來講，幾乎不會對自然科學產生興趣，因此，在國民黨的獨裁時代，可以稱得上「研究」的東西會被完全擱置下來，尤其那些必須花費大量時間與精力的基礎研究更是如此。所以，台灣的地理、地質、氣候和動植物等「博物」的真正研究，幾乎都是從日治時代留下來的東西。

反過來講，如果沒有這些日本博物學家的研究的話，那麼，可以斷言的是，今天台灣的地理、地質和植物的研究依然是十九世紀之前的水準，也就是說，依然殘留著一大堆的謎團，因為台灣的知識份子在十九世紀末之前幾乎都是以科舉為職志，除了背誦「四書五經」外，不會有其他的興趣。

更何況，當時在台灣進行自然研究和探索，還必須要有勇氣和冒險心不可，也就是說，不僅要有探險心和熱情，還要有武士道精神才行。因為，誠如前面所述，每當研究人員踏入山岳和溪谷時，都會遭遇到土匪、「生蕃」、毒蛇、惡蟲和風土病等等的威脅，必須拿自己的生命來和台灣的自然環境搏鬥。

在建立近代台灣的有功人員當中，雖然日本技術人員和研究人員沒有出現在舞台上，但也不能忘掉他們在舞台後面所留下來的龐大功勞。的確，這些人除了對藥用植物、有用

植物和果樹栽培的研究有功外，也在白蟻與病蟲害的昆蟲研究、老鼠與毒蛇的動物研究、台灣的近代農林畜牧業和醫療衛生上帶來很大的貢獻。

戰後，那些因反日教育和仇日侮日媒體而被刻意隱匿、被長時間遺忘的對台灣近代化有功的日本研究人員和博物學家，也終於隨著90年代的台灣言論自由化而被挖掘出來，例如，鳥居龍藏和鹿野忠雄的著作也可以在書店中看到了。

他們具有對未知的好奇心、對異域探險的冒險心和徹底嚴密的科學性探索心，更擁有大公無私的精神，也就是說，這些人是具有武士道精神的博物學家，絕不是關閉在研究室中只做研究的學者。

在台灣，對武士道精神的憧憬和想學習武士道的聲音，正在日益高漲之中。

第四章

教導台灣人
「美之心」的日本人

◎伊澤修二對無緣接觸美術的民眾進行教育

　　日本在台灣實施近代化美術教育，讓台灣人可以從教育中學習美術，以培養出擁有審美能力的人才，之後，這些人才被台灣文化所吸收，成爲台灣近代美術的雛型。

　　在台灣文化的基層中，存在著道貌岸然的儒教文化。儒教文化是以倫理道德做爲主軸，經典的背誦和注釋是它的專門課題，雖然有詩詞創作這種創造性的東西存在，但歌舞卻被視爲下流而被完全摒除在外。另外，皇帝和一部分的文人雖然都能夠書寫或繪畫，但民眾卻全然無緣接觸這種藝術。台灣實施繪畫教育的時間，是從1902年開始的。

　　台灣的民眾，包括李登輝在內，都把後藤新平視爲「台灣近代化之父」，因爲，他對台灣的都市建設、衛生政策和醫療改革等方面貢獻很大，並獲得極高的評價。另一方面，直到今天還被台灣人尊稱爲「台灣近代教育之祖」的，是台灣總督府第一任學務部長伊澤修二，他是日本近代實務教育史上的巨擘，是個強力主張把音樂和體育納入日本近代教育之中的人物。

伊澤修二

　　身為台灣人的筆者，是最後接受日本教育的世代，小學二年級的時候正是戰爭結束之際。小學一年級時，學到的「天長節」之歌，即使到今天也可以琅琅上口。最近，筆者才知道這條歌是伊澤修二所作的曲子，也再度對他的藝術活動感到興趣，進而欣賞他的繪畫，重新感受到他的確是台灣實務教育的創始人和最大的功勞者。

　　伊澤在台灣任職的這一段期間，提倡「實務教育」和「有用學術」，經過六年的準備期，才正式把繪畫教育列入台灣國語學校的乙科課程之中。就當時的台灣人而言，包括圖畫紙在內的繪畫工具都是奢侈品，因此，伊澤遂採用「黑板畫」的方式來減輕學生的負擔，設法讓繪畫教育能夠普及。然而，台灣決定正式實施繪畫教育，卻是在伊澤離開台灣之後的事。

　　除此之外，台灣的國語學校和公立學校的修身、國語、算術和體操等近代實務教育，也隱藏著很多日本人的心力，其中，像石川欽一郎和鹽月桃甫等人，就是在台灣近代美術教育上留下很多功績、至今還受尊敬的人物。

◎台灣美術之父──石川欽一郎

　　石川欽一郎被認為是「台灣美術的啓蒙之父」，他的第一位弟子倪蔣懷是台灣最初的水彩畫家，後來也獻身於台灣美術的啓蒙上。1924年，以石川為首的「台灣水彩畫會」成立，在這個畫會擔任指導老師的石川遂開始活躍於美術舞台

石川欽一郎

上，石川和倪蔣懷兩人可說是台灣美術的開拓者。

1871年出生於靜岡市的石川欽一郎，別號欽一盧，就讀東京通信省郵便實技學校時，即開始學習日本畫和中國畫，1891年加入明治美術會。自1899年起，石川一面在大藏省印刷局服務，一面向石井柏亭、淺井忠、川村清雄等人拜師學藝，同一年也到英國學習英式傳統水彩畫，獨特的

石川與學生合照（右起：藍蔭鼎、陳植棋、陳英聲、石川欽一郎、倪蔣懷、洪瑞麟、陳德旺）

自然主義畫風就是在這個時候建立起來的。

　　義和團事變正酣的1900年，從英國返國的石川，以第五師團司令部翻譯官的身份到處活躍，接著，1907年以台灣總督府陸軍翻譯官的身份來到台灣，並同時擔任台灣國語學校的美術教師。八年後，石川辭去官職返回日本，不過，1923年的關東大地震之後，他又再度來到台灣，自翌年起開始擔任台北師範學校的老師，從此之後，台灣美術運動在他的推動下蓬勃發展。

　　石川兩次滯留台灣的時間總共達十九年，在這個期間，幾乎所有的時間都耗費在美術教育上。在他的指導下，學生對美術產生了興趣，培養出台灣的繪畫技巧和美術鑑賞能力；另外，他也積極的扶植「台灣水彩畫會」、「洋畫研究會」和「台灣繪畫研究會」，以促進台灣西洋畫的啟蒙，撒播繪畫的種子，更參加「台灣美術展覽會」的創辦活動，擔任評審委員。參加第一屆「台灣美術展覽會」西洋畫的七十六位候選人，其中有二十五位是石川的學生。從他描繪台灣的風俗和風景的作品之中，可以發現他對台灣的熱情。

　　倪蔣懷、陳澄波、陳英聲、郭柏川、王白淵、陳植棋、李石樵和藍蔭鼎等這些學生，全部都是台灣美術界的前衛和啟蒙家，也是台灣美術運動的中堅人物。一般而言，「舊世代的畫家都是石川的門生」。

　　對台灣美術界的成熟與發展，這些島內的學者當然功不可沒，但曾到島外留學的留學生也有貢獻。當時，為了學美術，有很多台灣人都到日本去留學，尤其是在東京美術學校

執教的藤島武二、岡田三郎助和安井曾太郎等日本近代洋畫
大師，都成為台灣留學生學習法國新興藝術和磨練寫實技巧
的對象。

著名的畫家陳澄波（1895～1947），是石川在國語學校時
代的學生之一。1926年時，還是東京美術學校圖畫師範科三
年級的陳澄波，以「嘉義街外」獲得第七屆「帝展」的入選
作品，從此之後又有四次入選，之後，在上海的美術學校擔
任校長，獻身於西洋畫的教育上。不過，由於陳澄波會講中
國話，因此，戰後成為台灣人和中國人之間的口譯官，來回
奔走於文化摩擦的消除上，或許是因為這種仇恨因素，使他
在二二八事件後被槍斃在嘉義市車站的廣場上。

此外，1927年還是西洋畫科三年級的陳植棋，以「台灣
風景」入選為第九屆「帝展」的作品；1933年還是油畫科三
年級的李石樵，以「林本源庭園」入選為第十五屆「帝展」
的作品。如此這般，台灣的優秀人才代有輩出。

台灣著名雕刻家黃土水（1895～1930），師承日本雕刻界
的長老高村光雲等人，在第二屆「帝展」時以「蕃童」作品
入選。活躍於舞台上的他，給台灣的美術青年帶來很大的刺
激和夢想，引發台灣美術史上少見的一大美術熱潮。

完成台灣美術界架構的石川欽一郎，於1932年回到日
本，居住在東京地區，執教於鷗友學園高等女子學校和日
本藝術學院，翌年，開始漫步於日本各地和朝鮮從事寫生，
1945年逝世，享年74歲。他的學生為了對恩師表達感謝之
意，特別成立「一廬會」，並定期舉辦展覽會，石川留下

《課外習畫帖》、《山紫水明集》和《最新水彩畫法》等著
作。

◎描繪台灣風土的鹽月桃甫

　　1921年來到台灣的鹽月桃甫，曾分別在台北州立台北中
學、台灣總督府高等學校和台北帝大預科等學校擔任過美
術老師。當時的日籍老師，大致上都會穿著官服並佩劍，惟
獨他一個人穿著洋服，而且還反對學生穿學生的服裝，對這
種奇裝異服的老師，學生們給他起了一個「西洋乞丐」的綽
號。

　　這般獨樹一格的鹽月，打破了所有的傳統，在教室內
提倡自由風氣，主張到野外進行寫生教學，教科書上的模仿
畫和繪畫技術一概不教，只對學生說明繪畫中的自由表現、
感覺、色彩、概念和美術鑑賞能
力。

　　鹽月於1886年在九州宮崎縣
兒湯郡出生，本名爲長野善吉，
出身於貧窮的農家，之後，由於
成爲鹽月傳次郎的女婿，因此改
姓鹽月。1912年，以「蕃人舞蹈
團」的油畫一舉成名，鹽月曾
說：「台灣是全日本之中自然色
彩最豐富、最漂亮且最富變化的

鹽月桃甫

地方。」

　他的性格非常個人化、天眞浪漫和自由奔放，很受旁人的親近。由於獲得大眾的支持，因此，鹽月一來到台灣就馬上成爲畫壇的指導者，接著，又和石川欽一郎、鄉原古統、木下靜涯等人於1922年共同創設台灣美術展覽會。

　這個展覽會是由台灣總督府主辦的美術展，在台灣的美術史上擁有極大的影響力。台灣美術展覽會創設當時，做爲審查委員幹部的鹽月，爲了充實展覽會的內容，特別呼籲應在政府當局的預算中編列支援畫家生活的補助費，以獎勵地方性畫家和新人畫家的參展。

　之後，鹽月雖然於1942年成爲台北帝大預科的講師，但卻在1946年3月戰爭結束後返回故鄉宮崎，並在1954年因心臟病去逝，享年69歲。

　以油畫來表現台灣風土特色和強調台灣的「南國色彩」，乃是鹽月的畫風特徵。他所標榜的「地方色彩」概念，已經藉由「台灣美術展覽會」深深的影響到當時的台灣美術界，每個人都想要加以模仿。

　鹽月住在台灣的期間，自1921年起到1946年止，長達四分之一個世紀，因此，他對台灣事物的觀察和理解很深刻，使他在這方面獨具慧眼。尤其是，他對原住民的瞭解特別深，經常以原住民做爲寫生的對象，結果，留下了以原住民做爲題材的「母」、「馬綱道邦之娘」、「虹」的傳世之作。

　他非常喜歡小型的油畫，因爲，其中可以凝聚自由奔

放的獨特情感。1989年，在他的故鄉宮崎，曾經舉辦三次遺作展，總共展出兩百多件油畫、水彩畫和素描。對鹽月的才能，世世代代流傳下來的外號是「野獸派鬼才桃甫」。

鹽月最想要表現的，是台灣的風土像和地方像這些東西，然後利用油畫將它們表現出來；相對的，石川是用水彩畫來描繪台灣的風景，而立石鐵臣則是以版畫來表現台灣的民族習俗。但不管是那一個，他們都是從自己獨特的觀點將真實的台灣赤裸裸的表現出來。

◎扎根台灣的木下靜涯、鄉原古統等東洋畫家

在日治初期的台灣美術界，東洋畫家木下靜涯和鄉原古統是不能被忽略的人物，這兩人和石川欽一郎、鹽月桃甫一樣，都是「台灣美術展覽會」的審查委員。

木下靜涯（源重郎，1887～1990）出生於長野縣的中澤，1901年自中澤尋常高等小學高等科畢業之後，雖然曾經學習填詩作詞，但最後還是向上田市的田中亭山等畫家學習南畫。1903年時，他移居到東京，進入中倉玉翠畫室的同時，也成為四條派村瀨玉門的門生。然後在1907年召開的東京勸業博覽會中，以「細雨」獲選為最佳作品。之後，雖然進入陸軍戶山學校第六大隊，但仍然拜京都的竹內栖鳳為師，繼續創作活動。

木下和台灣的淵源，係從1918年隨著三位畫友前往印度

研究佛畫時，於中途舉辦個人畫展開始的。在台灣舉辦個人畫展時，同行的友人病倒，因此，木下遂留在台灣一面照顧友人，一面繼續創作活動，不知不覺的就走過八年歲月。

如此這般，為了紀念1923年裕仁皇太子訪問台灣，木下接受台南市的委託，繪製了「蕃地風景繪卷三卷」；另外，為了紀念總督府施政三十周年，木下也接受繪製明信片的委託。1930年，木下和之後在1934～1936年的帝展中連續入選的女畫家陳進、林玉山、郭雪湖和鄉原古統等人，成立「栴檀社」以擴大台灣美術界的規模。在這個期間，木下也積極的努力創作，並在政府當局的委託下，陸續完成台灣神社、建功神社、台中神社、總督府、州廳和學堂等地方的供奉東洋畫。在1927年到1943年之間，木下一直擔任「台灣美術展覽會」的審查委員。不過，戰後木下就回到故鄉中澤，直到1990年6月才以102歲的高齡去逝。

鄉原古統（滕一郎，1887～1965）則是另一位活躍在台灣的東洋畫家，他也和木下一樣，以「台灣美術展覽會」審查委員的身份活躍於台灣的舞台上。出身於松本市的他，為堀江柳市的第二個兒子，由於送給伯父當養子，因此改姓鄉原。他在中學時代的1899年，獲得全校繪畫比賽的冠軍，在這個契機下，開始接受增田正宗和武居真澄的指導，之後來到東京，並加入白鳥會再鑽研深造。此後，開始踏入日本畫的世界，並加入丹清會，1907年以最高分進入東京美術學校日本畫科就學，由於成績優秀，因此獲得文部省的獎學金。最後，轉入師範學部，拜田村彩天和寺島廣業為師。之後，除

了於1910年擔任京都女子師範學校的老師外，也於1914年的大正博覽會中展出他的中國畫、人物畫和牡丹畫，在這些作品之中，有不少的作品讓鄉原的名字在美術界發光發亮。

自1917年起，在台灣總督府的招聘下，鄉原陸續在台中中學、台北女子高等學校和台北二中等學校擔任教職，自1927年起則擔任「台灣美術展覽會」的審查委員。在鄉原的作品之中，有很多都是在描繪峰巒、溪谷、能高大觀、玉山和太魯閣等台灣的壯麗山河。1936年，養父的身體突然癱瘓，為了照顧養父，鄉原回到日本，定居在兵庫縣的芦屋。而為了紀念鄉原的豐功偉業，台灣的一些門生，於1962年在他的住屋前面豎立「頌德碑」。兩年後，鄉原完成了「雲山大澤」的絕筆大作，旋即於1965年以78歲的年齡撒手人寰。

除了上述人物外，象徵明治時代畫界的石川寅台、日本南宗畫家的代表性人物石川柳城、辭去帝國美術院院士而活躍於日本畫壇的富田溪仙、日本能劇畫家武部竹令、日本美術院的西鄉孤月、完成台灣全島寫生的古城江觀和著名畫家三宅克己等人，其實都是日治時代活躍於台灣美術界的日本藝術家。

對台灣美術界來說，他們除了帶來很大的衝擊外，也從日本引進了一股新風潮，總而言之，他們對後世的養成教育有很大的貢獻。

◎台灣民俗版畫第一人──立石鐵臣

　　立石鐵臣是台灣版畫的先驅，即使到今天，利用版畫將台灣的民俗和民情流傳給後世的功勞，還是以他的評價最高。

　　1937～1938年間，立石是福島繁太郎一家的食客，福島是當時著名的藝術評論家、藝術支援者和收藏家，福島於1960年過世之後，立石為了報答照顧之恩，特別把《台灣畫冊》送給他的家族。這本有名的畫冊，是將台灣獨特的民族、風土和人情予以忠實呈現的台灣風俗畫冊。立石的創作活動是以台灣的民情風俗畫為中心，主要的作品有《台灣民族圖繪》和《台灣畫冊》等等，在這些作品之中，處處都可以隱約看到他對台灣的喜愛。

立石鐵臣

　　他於日俄戰爭結束後的1905年出生於台北市，別號是「立石青玄」。1911年進入台北市第二小學，不過，之後隨著父親的工作調動，回到日本居住。1921年自明治學院中學畢業後，即以畫家為志向，進入川端畫校就讀。在1933年的28歲時，再度回到台灣，埋首於繪畫中。接著，在1934年舉辦的第八屆「台灣美術

展覽會」上，以所展出的作品獲
得了「台日獎」。而隨著作品的
藝術性獲得普遍的承認後，立石
加入了由陳澄波、顏水龍、廖繼
春、李梅樹、李石樵、楊三郎和
陳清汾等七位台灣畫家所成立的
「台灣美術協會」，成為協會中
唯一的日本人。

金關丈夫

　　在35歲時的1939年，立石決
定在台灣定居下來，因此，遂開
始在台北帝大理農學部擔任特
約員，且自1941年7月起在金關丈夫等人所創辦的《民俗台
灣》雜誌從事編輯的工作。這本雜誌是由金關丈夫、岡田
謙、須藤利一、萬造寺龍、陳紹馨和黃得時等六位學者或藝
術家所共同創辦的民俗雜誌，內容以刊載台灣民族傳說、
古蹟、語言和習
慣的調查記錄為
主，實際執行編
輯工作的人是池
田敏雄、立石鐵
臣、松山虔和金
關丈夫等四人。

　　如此這般，
成為《民俗台

立石鐵臣與池田敏雄（右）

灣》主要幹部的立石，開始以台灣特異的文物做爲題材，連續刊載各種版畫，結果，這些版畫之後成爲台灣版畫史上非常珍貴的風土與文化史的畫像。

1945年戰爭結束之後，立石被延攬爲台灣大學文學院史學科的講師，不過，1947年發生二二八事件之後的翌年，他即返回東京，《台灣畫冊》是在之後的1962年所完成。1980年立石因肺癌去世，享年75歲。他過世之後，台北縣立文化中心爲了紀念這位熱愛台灣的畫家，曾於1998年舉辦了「立石鐵臣畫家紀念展」。

◎建立台灣手工藝教育基礎的山本鼎

日治之前，在台灣原住民的手工藝世界中，各種族都擁有獨自的特色，陶藝、木雕和織物就是其中的典型代表；相對的，漢族移民的手工藝、佛像雕刻和寺廟建築，也是擁有獨自特色的世界。

這些東西之所以會在台灣島內廣泛流傳，主要是因爲手工藝被納入了教育體系之故。而手工藝之所以會被納入台灣的實習教育之中，主要的契機是來自於1902年7月6日國語學校的學校規則修正案（台灣總督府第五十二號令）。

至於促使這項修正案開始實施的動力，則是拜1903年在大阪舉辦的第五屆國內勸業博覽會之賜。因爲，博覽會的會場中也有台灣館，台灣館除了介紹台灣的物產、人文和景觀外，還展示了台灣學生的優良美術作品，這些作品受到當

時蒞臨會場參觀的明治天皇和皇后的讚賞，同時，也在日本國內成為話題，並因此引發需要加強重視台灣美術教育的風潮。

之後，根據學則第十一條，在師範甲、乙科系中新增圖畫教育課程，同時，也在即興科系上增設手工藝教育。而自1904年3月11日公布學校規則（總督府第二十四號令）之後，公立學校也將手工藝列為授課的項目，讓公立學校的五、六年級學生首先成為手工藝教育的對象。

世界各國的手工藝教育，從很早之前就已經開始實施，德國是1870年、法國是1873年、美國是1876年、日本是1886年，比較起來，台灣的起步晚了不少年。

在研究台灣傳統文化方面，比較出名的，有鳥居龍藏和伊能嘉矩等兩人，但獻身於原住民文化研究者卻只有森丑之助一人，而致力於台灣手工藝基礎教育的建立者，也只有山本鼎這個人。

山本鼎本來是受台灣總督府內務局的邀請而來到台灣的，不過，也因為這個契機，而使他成為之後獻身於手工藝教育的人物。1924年5月，他向總督府提出了「公立學校和實習教育」的視察報告書，當中，他除了毫不客氣的指出過去手工藝教育的問題外，也提倡更有效的教育方針。

在山本尚未投入手工藝教育之前，台灣雖然已設有手工藝的獎勵制度，也舉辦過全島性的手工藝展覽與美術工藝展，但基本上，山本還是認為欠缺專業的教育精神，在手工藝審美意識的傳輸上仍然極度貧乏；而且，公立中小學和師

範學校的手工藝課程，除了不太關心藝術性的創作外，也比畫圖教育更加不被重視。

因此，山本向總督府提出「美術性價值和經濟性價值共存」的手工藝教育方案，建議將實用手工藝的教育方針，分成美術性價值和經濟性價值兩大體系，在這兩大體系之中，如果欠缺其一的話，則手工藝產業將無法進步，不僅如此，也有可能被機械產品所取代。基於這樣的主張，山本除了提出應成立五種新產業工藝學校外，也建議在女子中學新增「週六日手工藝學校」。在他的奔走努力下，終於開花結果，1928年5月1日台灣設立了第一所手工藝專門學校——市立台中工藝傳習所。

本來，山本鼎是日本版畫界的先驅，更是自由畫運動的掌旗手。他在1882年出生於愛知縣岡崎市，1906年自東京藝術學校洋畫科畢業，翌年開始在傳統的木版畫世界中進行自刻自畫的版畫創作，之後即引起大家的注目。1911年，他和坂本繁次郎成立東京版畫俱樂部，同時，也擔任日本創作版畫協會的會長，接著，就和石井柏亭、森田恒友、小杉未醒等人發行日本近代版畫史上劃時代的《方寸》同人誌。他於1912年前往歐洲，回國後的1918年，和織田一磨等人創設日本版畫協會。對農民手工藝非常關心的山本，於翌年在長野縣神川村成立了日本農民技術研究中心，同時也創立春陽會。

山本的作畫題材，是從自然之中擷取，不使用範本，正因為如此，所以他認為小孩子的創造性很重要，有必要透過

教育來加以延伸，同時，對當時台灣總督府正在實施的美術教育也提出極為嚴屬的批評。如此這般，山本被公認為是日本近代美術界的巨人。

而繼山本鼎之後繼續鞏固台灣藝術基礎的人，則是台灣本土畫家顏水龍。顏水龍自1937年起擔任「台灣美術展覽會」的評審員，長期從事台灣工藝振興政策的調查工作，為了保存台灣的傳統工藝，於1940年成立南亞工藝社，開始對農村家庭的副業進行指導工作，接著，於1944年成為總督府台南高等工業學校（現在的成功大學）的講師。另外，他也是「台灣草帽產品統一合作社」的評議員兼指導員，對台灣工藝事業的保存與出口竭盡心力，他的功績在「台灣工藝之父」的尊稱下被口耳流傳下來。

◎帝展中獲獎的台灣美術家──黃土水和陳澄波

黃土水（1895～1930）雖然生長在台北，但卻是第一位接受西洋美術洗禮的台灣雕刻家。在他成長的舊市區中，座落著很受台北人信仰的龍山寺，即使到現在，龍山寺還是一座雕刻豪華的傳統廟宇。

自幼年時期開始，黃土水就經常到龍山寺看雕刻，當12歲那年父親亡故之後，即使被做木匠的哥哥帶走，也還是和雕刻保持著關係，因為，哥哥的鄰居就是佛像雕刻店，從白天起就可以看到雕刻的作業。

　　1912年，17歲的黃土水進入國語學校（亦即之後的台北師範學校）就讀，1915年畢業之後，暫時從事教職的工作，不過，獲得東洋協會的獎學金後即丟下教鞭赴日。他為了追求美術之路這個志趣，當時雖住在拓殖大學的學生宿舍，但卻進入東京美術學校學習。黃土水首先向日本雕刻界的耆老高村光雲拜師，以學習木雕，五年後畢業，旋即進入造型科研究所深造，在這個日本雕刻界的重鎮中，的確可以受到建畠大夢、朝倉文夫和北村西望的教導。

　　「文展」（文部省藝術展）於1919年改名為「帝展」（帝國美術院美術展），黃土水在隔年的第二屆「帝展」中以作品「山童吹笛」獲獎，這是台灣人在「帝展」中首度嶄露頭角的記錄，這項大快人心的消息，成為當時台灣美術青年的重要話題和夢想。接著，又在隔年以「甘露水」第二度入選，而「擺姿勢的女人」和「郊外」也分別在第四屆和第五屆的「帝展」中入選，至1923年連續四次入選的殊榮頗令人訝異，也因為這樣，台灣一時之間刮起了一陣學習美術的熱潮。

　　黃土水於第四次入選的當年，在池袋成立了自己的工作室，之後，為了婚事暫時回到台灣，結完婚後即將新婚妻子攜來東京，從此之後，黃土水不再參加「帝展」，只專心埋首於雕刻的創作上。然而，好運又來到身邊，黃土水接到昭和皇后娘家久邇宮邦彥夫妻的厚禮，為邦彥夫妻兩位殿下雕刻全身像。

　　黃土水的主要作品，有台北龍山寺的釋迦佛像和水牛群

像。但龍山寺的佛像卻在大東亞
戰爭時遭到美軍的空襲而焚燬，
而黃土水本身也在完成巨作「水
牛群像」（高九尺、長十八尺）的
最後浮雕之後，以35歲的英年撒
手人寰。在東京舉行的追悼儀式
中，包括昭和天皇在內的文部大
臣和東京市長，大都有致贈花圈
或派人親自弔唁。台北支廳也在
1931年舉辦黃土水的遺作展，計
展出了七十九件作品。1936年2月
2日則舉行黃土水遺作贈送儀式，
讓作品永久陳列在一年前完成的
台北公會堂之中。

黃土水

　　黃土水是日本治台之後出生
的日本國民，也是以日本人身份
結束生涯的第一位台灣西洋雕刻
家。

　　陳澄波（1895～1947）是和黃
土水同一年出生的畫家，前面談
論石川欽一郎時曾經提到他，陳
澄波是繼黃土水之後，對台灣近
代美術草創期很有貢獻的知名畫
家之一。他的實力和實績已在前

「山童吹笛」

面說過，還在就讀東京美術學校三年級的1926年時，就以「嘉義街外」的油畫入選為第七屆「帝展」的作品。

陳澄波於1895年在嘉義市出生，出生不久母親去世，因父親續弦，所以由外祖母一手養大。1913年自嘉義市第一公立學校畢業之後即進入國語學校師範科就讀，畢業後擔任教職工作六年，然後於1924年進入東京美術學校圖畫師範科學習。在學中，陳澄波不僅在第七屆「帝展」中獲獎，也在翌年以「夏日街頭」再度入選，之後又於1929年和1930年分別以「早春」和「裸婦」入圍，作品總共在四屆「帝展」中入選。

另一方面，自1929年起，他也在日本文部省的推薦下，擔任上海新華藝術專門學校洋畫科的主任教授，1933年回到台灣，成為台陽美術協會的主要幹部和赤島社的成員，在各式各樣的活動中他都會盡量露面，以盡到做為台灣近代美術運動先驅者的責任。

陳澄波

戰後，陳澄波加入國民黨政府的「三民主義青年團」，同時，一面擔任嘉義市自治協會理事，一面以第一屆嘉義市參議員的身份進入政治界。但不幸的是，1947年發生二二八事件時，當時他以「二二八事件處理委員會」的身份，勇敢的和駐紮在嘉義機場的國民黨軍隊進行交涉，

國民黨軍隊爲了殺一儆百，竟然把他當作替罪羔羊予以槍殺，享年53歲。

　　根據某位美術家的現場目擊，爲了警告市民，陳澄波的屍體被光天化日暴露，任由中國士兵以軍靴踢頭臭罵，蒼蠅四處飛舞。爲什麼美術界的瑰寶，會任由對美術完全一無所知的中國士兵凌虐到這種地步呢？對筆者描述當時情形的美術家，說到這裡，不禁嗚咽難以自已。

　　在陳澄波去逝之後的第三十二年，於1979年11月29日～12月9日，曾經被遺忘的作品終於再度被發掘出來，並在「春之藝廊」舉行了「陳澄波遺作展」。諷刺的是，就在遺作展的隔天，高雄發生了大規模鎮壓要求民主化的知識份子的「美麗島事件」，很多反政府體制的台灣籍運動家都被逮捕入獄。

◎日本人將「美之心」散播在台灣

　　在儒教思想之中，所追求的人類最高價值是倫理道德的「善」，和西洋人所追求的「眞」、日本人所追求的「美」大爲不同，因此，中國人的價值觀和人生觀當然會和日本人不一樣，但是，由於東亞自古以來就歸屬儒教文化圈，因此，即使是日本也很難不受到儒教的影響。

　　不過，自江戶中葉以後，日本國學和武士道的思想影響已不斷擴大，因此，日本國內不僅有道家思想的「道」（天地自然）、和佛教思想的「悟」與「向涅槃之道」的存在，

而且也可以看到超越儒教思想的「善」的價值，這就是國學
的「和歌」和武士道的「美」。

　　當然，「美」是極爲主觀性的東西，因此，對接受近代
化美術教育的台灣美術家和藝術家、或是曾經接受日本人的
美意識洗禮的每一位台灣人，都無法客觀的將他們身上是否
具有「美」的憧憬顯示出來。不過，可以肯定的事實是，日
本人在日治時期，將台灣各式各樣的自然和名勝景觀，指定
爲台灣百景或文化史跡的這種審美態度，已經大幅提高了台
灣人的美意識和文化保存意識，而且也將「美之心」散播在
一般民眾心中。

【第五章】

在日本時代中
誕生的台灣文學

◎日治之後文學界出現新風氣

在1895年到1920年代之間，反抗日本統治的台灣人武力集團日漸衰微，都市建設、上下水道工程和水壩等基礎建設也逐漸步上軌道，日本的台灣經營開始穩定的向前邁進。在這段期間中，台灣在日本統治下發生的「西來庵事件」（也叫「玉井事件」或「噍吧哖事件」），可說是一個歷史的轉捩點。

「西來庵事件」是台灣人最後的武力抗日事件。當時，曾經當過巡查補（警察）的余清芳等人，以抗日的名義，聚集了佛教、道教和土匪等信徒民眾，想要建立一個「大明慈悲國」。不過，這種企圖卻在事前被發現而宣告失敗，結果被逮捕並被判處死刑的人超過一千人，但據說，實際被執行死刑的人卻不多，大部分都因特赦而獲得釋放。

這個事件雖然是台灣近代史的重大事件，但幾乎沒有影響到台灣社會，而且也不太具有歷史上的意義，說得極端一點，那是一種愚蠢的行為。因為，事件之後的1919年，朝鮮有「三一運動」、中國有「五四運動」，也就是說，這時候正好是全東亞地區開始覺醒的時代，明明是這樣，但台灣卻還在進行這種愚蠢的行為，筆者甚至對當時台灣社會的落後感到慚愧，如果「大明慈悲國」的建國運動成功的話，那麼，應該不會有今天的台灣吧！「大明帝國」是代表中國中世黑暗時代的王朝，若以它為範本而建立一個佛教和道教的國家時，則二十世紀的台灣究竟會變成怎樣呢？

　　不過，台灣人應該也瞭解這一點吧，因為，在這個事件的契機下，台灣的武力抗日行動終於結束，社會運動的矛頭開始轉向政治、社會和民族運動發展，台灣的新文學運動也在這種時代的趨勢之中誕生出來了。

　　很多文學家都對漢文學這種缺少創造性的東西感到厭惡，為什麼呢？因為有《四書五經》這種絕對性的「聖經」存在，不可能會有其他超越《四書五經》的東西誕生，甚至連孔子也只能說「學而不述」。

　　在中國，一流的人才必須以學習經典和不斷對經典加以注釋做為生活價值；二流的人才或失意的政客，記述歷史是他們的職責，司馬遷就是其中之一；寫小說的那些人，則是無法通過科舉的三流人才，因為不能記述歷史，所以只能寫虛構的小說；而四流和五流以下的人，一般都是從事演唱和樂師的職業。

　　另一方面，台灣在日治時代之前，雖然不只是反覆講解《西遊記》、《水滸傳》和《紅樓夢》等古典小說而已，讀書人也會成立詩詞朗誦會，積極的吟詩作詞，不過，進入日治時代（1920年代）之後的台灣，舊文化人開始遭受到「雖然有人偶般的漂亮外表，但內容卻是無靈魂的死文學」、「欠缺文化的啟蒙與怠忽職守」的批評。

　　取而代之的，是新文化人的抬頭，新舊文化人的對立這時終於產生，新文化人譴責舊詩人「把文學當作遊玩的道具」，是「理應拆除的草叢中的破舊殿堂」；同時，也對舊文化人展開種種批判，包括「台灣的文人眷戀著墳墓中的骨

骸，想要成爲墳墓的看門狗，還繼續看守著數百年前的古典主義的墳墓」、「沒有感情沒有思想的文學，根本就沒有做爲文學的資格」。對舊文化人的批判和新舊文學的爭論反覆不斷的糾纏著。

文學也是隨著時代潮流改變的東西，在時代潮流下，愛好詩句的矯飾舊詩人被批評爲文學的門外漢，反之，結合現實主義、生命、感情和思想以創造生命力的文學成爲了主流。

如此這般，台灣在1920年代以後誕生的新文學，除了有文言文和白話文的不同外，也對做爲文學的價值、功能、職責和它的生命力有所要求。以白話文進行創作的作品很多，也是新文學的特徵。

◎以漢詩和台灣人交流的日本知識份子

明治時期的日本人，不管是文人、歌手、軍人或政治家，只要是有教養的人，都能夠對漢詩進行創作和吟誦。同樣地，日本佔領台灣之後來到台灣的日本人，也留下了很多漢詩。這些明治初期的日本知識份子，由於對漢學都具有高度的素養，因此，渡海來到台灣的日本文化人和官僚，都能夠透過漢詩來和台灣的士紳進行交流。

在日治初期，將漢詩留在台灣的日本人，還是以森鷗外最爲有名。1895年5月，隨同征台軍來到台灣的陸軍局軍醫部長森鷗外，曾和軍中的橫川唐陽一起創作漢詩，森鷗外

的作品可以在島田謹二的《征台陣中的森鷗外》（1940年2月
《台灣時報》）之中見到。

另外，於1891年隨伊藤博文訪台的森槐南，也留下了
《隨行紀事》的長篇漢詩（七言古詩）；而伊藤博文（號春畝）
本身，也在訪台時留有七言漢詩，以下的「台北旅館喜雨」
和「台灣巡視中作」就是其中的作品：

台北旅館喜雨

夏山帶雨半天雲　　忽見驚雷掃瘴氣
一陣清風來座上　　滿樓無客不欣欣

台灣巡視中作

即是神州南海關　　節旄今日入台灣
一條鐵路穿山出　　萬頃秋田傍岸環
鐵樹華開荊棘裏　　水牛背路澗流聞
途逢父老詢新政　　只願皇恩及島蠻

日治初期的台灣，各領域的優秀人才輩出，也培養出
很多詩人墨客，例如，水野大路、土居香國、磯貝蜃城、木
下大東、館森袖海、後藤棲霞、鈴木豹軒、中村櫻溪、結城
蓄堂、宮崎來城、籾山衣洲、小泉盜水、伊藤壺溪、伊藤
天民、白井如海、澤谷星橋、中瀨溫岳、柳原松鳩、湯目北
水、草場金台、山口東軒和關口隆正等人，都是詩藻秀麗、
留下很多漢詩的文人。

　　村上淡堂（本名義雄，熊本市出身）曾經擔任過台中和台北縣的知事，同時，他也曾經邀集很多騷人墨客在一起吟詩作對，並於1902年12月出版《江瀨軒唱和集》。

　　自明治末期到大正初期，活躍於台灣的日籍漢詩人，計有橫澤陶城、藤井葦城、加藤曉齊、八田霞山、滿井嚴海、田原天南、佐佐木有齊、橫堀鐵妍、金子芥舟、封崎秋蘋、大內隈川、日下峰蓮、丹野廣川、石井化石、神田由道、豬口安喜、久保香夢、吉川田鶴、山形雲林、德田多喜丸、隱內四郎、梶原宮藏、村上先、長谷川泰、原田春境、岸邊半佛、牟田翠煙、石田成治、池田健助和岡村巴城等人。

　　台灣在日本的統治下，歷經明治、大正和昭和等時代，轉眼之間從瘴氣之地和化外之島變成了「文明社會」，這種狀況應該也可以說是明治維新下的第二波「文明開化」吧！

　　日治時代的台灣總督，有很多都是具有學養和漢詩能力的人物，像第四任總督兒玉源太郎（號藤園），就將位於台北城南的古亭別墅稱為「南菜園」，聽說當時的民政長官後藤新平就經常騎著腳踏車往返此地。1900年3月15日，兒玉總督在台北淡水館（舊稱洋文學堂）舉行了「揚文會」的詩友會，而且，他也曾經在總督府款待過全台灣一百五十一位儒學家和士紳。「南菜園」於1899年6月開園時，兒玉總督邀集全台灣的詩人來舉行吟詩會，這時所吟誦的詩，後來被籾山衣洲彙集成《南菜園唱和集》（1900年1月發行）。

　　第八任總督田健治郎（號讓山），也曾在1921年10月4日招集全島的詩社舉辦吟詩大會，這時的詩被鷹取田一郎編輯

成《大雅唱和集》，於1922年11月出版。

　　第九任總督內田嘉吉所召開的吟詩大會，也一樣被鷹取田一郎編輯成《新年言志》的詩集出版。1924年4月26日，內田總督更將全台灣的詩社招集到台北的江山樓，隔天，也邀請一百七十位詩人到官邸來舉行吟詩茶會。

　　第十一任總督上山滿之進（號蔗庵），也是喜愛吟詩作對的人物。1926年，他特別邀請日本詩壇的國分青厓和勝島仙坡等兩位名人，來和全台灣的詩人共聚一堂，參加11月8日在總督官邸所召開的吟詩大會，這時候的很多作品，都被豬口安吉編纂在《東閣唱和集》（1927年11月發行）之中。

　　日治時代初期的台灣，日本詩人在台灣也相當活躍。由加藤雲窓當發起人的「玉山吟社」，獲得了水野大路、土居香國、伊藤天民和白井如海的認同，之後，磯貝蠡城、村上淡堂、岡木韋庵、石川柳城、木下大東和中村櫻溪等人也陸續加入。接著，台灣詩人的章枚叔（《台灣日日新聞報》漢文記者）、李石樵、陳淑程和黃植亭，也都聯名成為「玉山吟社」的盟友，參加每月一次的吟詩會。

　　最後，以籾山衣洲為中心的「南菜園」一夥賓客，變成了南菜園派，而兒玉藤園、後藤棲霞、館森袖海、內藤湖南、鈴木豹軒、小泉盜水和尾崎秀真等人，則是南菜園派的詩友。籾山衣洲是多才多藝的詩人，為當時日本文壇在台灣的代表性人物。

　　但在大正中葉到昭和初期之間，這些華麗的台灣詩會，卻因在台日本詩人的衰退而開始沒落。為了遏止這種狀況，

台北帝大的久保天隨博士，於1931年集結不少著名詩人成立了「南雅社」，當時以台灣詩人身份參加的只有魏潤東一人。雖然「南雅社」想以每月召開一次的詩會來活絡吟詩活動，但可惜的是，卻在1934年走入解散的命運。然而，短命的「南雅社」，每年都出版了活動詩集，總共發行了四卷，刊登在其中的詩，都是一些感情豐富且堅定的漢詩。

◎自漢文變成日文的台灣作家

台灣新文學運動自1920年代開始展開，它和過去的漢文與漢詩的創作運動不同，係新文化運動和新民族運動的精神性表現，不過，新文學運動自開始起就遭遇到最大的障礙，那就是語言的問題。

因為，當時的台灣，想從過去的漢文透過口語體來吸收新文化時，日語變成了必要的條件。因此，陳端明於1921年在《台灣青年》發表了一篇以〈日用文鼓吹論〉為題的論文，來提倡使用日文的意義；再者，《台灣民報》的同仁於1923年在台南成立「白話文研究會」，開始展開口語文的台灣鄉土文學活動，讓很多的文學家也開始響應，並展開各式各樣的活動。

黃石輝以〈怎樣不提倡鄉土文學〉向社會提出質問，郭秋生則提出〈建設台灣話文一提案〉來提高對台灣鄉土文學的關心度。黃石輝說：「你是台灣人，你頭戴台灣天，腳踏台灣地，眼睛所看見的是台灣的狀況，耳朵所聽見的是台

灣的消息，時間所經歷的亦是台灣的經驗，嘴裡所說的亦是
台灣的語言。所以，用台灣話做文，用台灣話做詩，用台
灣話做小說，用台灣話做歌謠，理所當然應該描寫台灣的事
物。」

　　台灣新文學運動尚未抬頭之前的台灣文學界，都是以
漢詩的創作爲中心，在全盛時期，全台灣的詩社超過一百家
（約1925年時），其中最具有影響力的是林痴仙、林獻堂、林
幼春、蔡啓運、連雅堂和蔡惠如等人所參加的「櫟社」。如
前所述，這些詩社都會積極參加每年的詩會，讓活動變得熱
鬧盛大。另外，這時期也有很多漢詩雜誌，像《台灣文藝叢
志》、《台灣詩薈》（連雅堂發行）和《三六九小報》等等。

　　葉石濤在《台灣文學史綱》中提到，台灣的新文學運動
可分爲三個階段，第一階段是從1920年的《台灣青年》創刊
起到1925年爲止，這一階段可稱爲「搖籃期」，賴和的散文
〈無題〉（《台灣民報》）是代表作；第二階段是自1926年到
1937年的「成熟期」，係指中日戰爭之前禁止使用漢文的期
間，賴和的〈鬥鬧熱〉、楊雲萍的〈光臨〉、張我軍的〈買
彩票〉（1926年《台灣民報》），都是這個階段的代表作；第三
階段是自1937年到1945年的「戰爭期」，中日戰爭於1937年
爆發後，台灣進入戰時體制，因此，日本政府派遣海軍上將
小林躋造來取代台灣的文官總督，使台灣進入從文官總督變
成武官總督的時代。

　　不管怎樣，這時候的台灣作家，已經能夠用日文來寫
小說。首先，謝春木（筆名追風）的日文小說〈她往何處去〉

（《台灣青年》，第4～7號）於1922年問世，之後，他又陸續發表了不少日文作品；其次，台灣藝術研究會於1932年在東京成立，會員之中有張文環、巫永福、王白淵、吳坤煌、劉捷和蘇維熊等人，《福爾摩沙》的日文文學雜誌也在台灣創刊。

日文雜誌的發行，正是台灣作家從漢文慢慢轉移到日文的象徵。1934年10月，楊逵的〈送報伕〉終於被刊登在日本的《文學評論》上，可見，台灣作家的日文小說已在日本獲得認同。

之後，呂赫若的〈牛車〉在1935年1月的《文學評論》中發表，張文環的〈父之顏〉入選為中央公論的懸賞小說，龍瑛宗的〈植有木瓜的小鎮〉被日本的《改造》雜誌選為佳作並加以刊登。到這個時候為止，台灣作家的日文創作技巧已可以媲美日本人。

◎與民族運動結合的台灣新文學

自1920年起，台灣的留學生為了啓發民智和提升文化，成立了「新民會」這個啓蒙組織，同時，做為該組織機關雜誌的《台灣青年》也跟著發行，其內容涵蓋政治、經濟、法律、文化、教育和勞動等多方面的問題，也對文學和藝術的創作進行鼓吹。《台灣青年》於1922年4月改名為《台灣》，除了鼓吹提升台灣文化和民族覺醒外，也刊登過去所批判的舊文學的詩學，更刊載追風（謝春木）的〈她往何處

去〉、無知的〈神秘的自制島〉（日文與漢文對照）、松堂君
（謝星樓）的未竟之作〈犬羊禍〉（日文與漢文對照）等小說，
揭開了台灣新文學運動的序幕。不過，黃呈聰和張我軍自
1923年起，開始批判那些以《台灣》做爲根據地的詩人，接
著又在《台灣民報》上展開白話文改革論和新舊文學的爭
論。

　　1920年代以後的台灣，受到日本大正時期民主主義的影
響，政治、社會和文化等方面都出現了活潑的民族運動，因
此，任何一位台灣新文學的作家，都難以自外於政治運動、
民族運動和社會運動，整個台灣社會進入了一個過渡時期。

　　影響所及，批判傳統和當時政治社會體制的體裁，就出
現在作家們的作品之中，包括小說、詩、散文和劇本在內，
都可以看到相同的傾向，例如，賴和的小說〈一桿秤仔〉
（1926）與〈豐作〉（1932）、詩〈南國哀歌〉（1931），以及
楊雲萍的〈黃昏的蔗園〉（1926）、陳虛谷的〈無處伸冤〉
（1928）、劍濤的〈阿牛的苦難〉（1931）和瘦鶴的〈出走的
前一夜〉（1927）等等。

◎與日本同調且成熟的台灣文學

　　進入昭和時代（1925～）之後，漢詩幾乎凋落，過去活
潑風光的日子已經消失，爲什麼呢？因爲，自江戶時代以
來的漢學教育，已被大正和昭和時代的近代國民教育所淘汰
了，而日本把「國民教育」和「實用教育」帶來台灣之後，

台灣的漢文更成爲無用之物；其次，隨著教育普及而識字率提高，台灣進入1930年代之後，文學作品也慢慢的轉移到日文的創作上。

在日本國內，漢學快速被拋棄之後，取而代之的是西洋新文學的逐漸抬頭，而這種全球性的現代化風潮也波及到中國，除了使中國的科舉制度消失不見外，也讓中國想以日本的國民教育做爲範本，來培養出近代化的國民。

自1919年的「五四運動」之後，中國也開始提倡白話文，不再講求押韻的近代詩取代了漢詩，《水滸傳》、《紅樓夢》和《三國演義》等所謂「章回小說」也逐漸凋零，而魯迅的〈阿Q正傳〉和〈狂人日記〉等近代小說開始登場。

在這種潮流之中，以漢詩爲中心的詩作被近代詩所取代，近代小說、劇本和文學評論也陸續登場，這時最受歡迎的是詩作，其次依序是小說、劇本。

在日本，新詩雖自大正末期才開始登場，但卻像燎原之火般在轉眼之間擴大開來，連台灣也誕生了很多新作品，《無軌道時代》（藤原泉三郎編）和《華麗島》（西川滿編，後來因爲是台灣詩人協會的雜誌而改名《文藝台灣》），都是當時的代表性同人誌。

不過在台灣，相對於上述狀況，在台日本人的小說卻比新詩還早登場，以台北高等學校學生爲中心的文藝雜誌《足跡》，於1927年創刊，濱田隼雄、中村地平和鹽月赳都是其中成員；而以台北帝大文政研究所爲中心的《紅色支那服》，也在1929年創刊，成員包括中山侑、前島信次、木下

廣居、福田良輔、宮本延人和藤澤仲等人。

1920年，佐藤春夫在台灣旅行了四個月，因有感於當時台南的頹廢之美，遂寫出了小說《女誡扇綺譚》；而成長在台灣的庄司總一，則把嫁給台灣人的日本女性的生活史，寫成了《陳夫人》；尾崎孝子的自傳小說《美麗風景》和坂口零子的小說《鄭一家》，都是以客觀的角度來描寫封建式家庭，並巧妙掌握大家族主義的社會性作品；濱田隼雄的小說《南方移民村》，則是描寫開發東台灣吉野日人村的新天地的樣子。

劇本方面的作品，數量雖然比小說還少，但在《台灣文學書目》之中卻有以下的作品存在：鹿島櫻巷的《國姓爺後日物語》、座光東平的《士林血染的漂流船》、西口紫溟的《南國物語》、高北四郎的《隔壁的女老師》、宮崎直介的《四等睡舖》、藤原泉三的《陳忠少年的話》、紫山武矩的《突然風》、多田道子的《亞熱帶之陽》《綠色窗簾》《朗》《龍眼肉樹之花》、緒方武歲的《捷徑》、西川滿的《楚楚公主》和《梨花夫人》、有本局水的《悲情台灣》。

台灣在日治時代，新聞的文藝專欄是每位文壇人士重要的活躍場所。《台灣新聞》（台中）的文藝編輯田中保男，每週一、二次都會提供欄位，供發表作品之用；此外，《台灣新民報》（台北）是台灣人經營的報紙，也有篇幅可供台灣文人發表。

但是，進入大東亞戰爭的末期，文學界出現了濃厚的戰爭色彩，台灣的日本文人和台灣文人，成立了「文學奉公

會」，邀請全台灣的文藝家於1943年11月13日，在台北公會堂召開決戰文學者會議，並於之後出版了《台灣決戰文學集》。

日治時代的五十年間，台灣幾乎沒有誕生過職業作家，作品都是來自一群喜愛文學的業餘人士，不過，在1920年代到40年代的這一段期間，台灣人發表的日文作品不斷增加，其中也出現了很多不亞於日本文人的優良作品。

歷經日治時代之後，台灣的代表性詩人是寫出新詩〈聖廟春歌〉的伊良子清白，而豈谷莫哀和山田義三郎則是以和歌詩人著稱，至於以俳句詩人出名的是齋藤東柯；另外，渡邊香黑在正岡子規的教導下，以創作擁有地方特色的俳句而受到大家的認同，尤以台灣俳句的評價最高；新潮派的俳句詩人藤井鳥犍，也有很高的評價。如此這般，台灣文學經過了半個世紀之後，步調終於和日本一致，並且成熟起來，「像是由一片化外之地的沙漠，變成了承受春雨潤濕的綠洲」。

今天，在台北國立中央圖書館的台灣分館之中，就存放著光是目錄就超過六千冊的文學雜誌群，這也是日本遺留在台灣的重大文化遺產之一。

◎日本的和歌和俳句至今仍受喜愛

割讓給日本四十年之後，台灣的日文創作普遍化，這也是作品之所以「大眾化」的主要原因，反之，這時能夠讀懂

漢文的人，就只限於那些受過書塾教育的讀書人。

日本傳統性詩詞的和歌、俳句和川柳，也是在這種風潮下於台灣落地扎根。即使是戰後五十年的今天，台灣還是存在著能夠吟誦和歌和俳句的日語族，日本所出版的《台灣萬葉集》（集英社），就是這些人的作品彙編。筆者雖然只受過小學一年級的日本教育，為「最後的日語族」，即使如此，還是對台灣創作俳句的過往雲煙記憶猶新。

1940年代時，日本詩人和台灣詩人陸續創立了「詩人協會」和「文藝協會」，不管是台灣人或是日本人，只要是優秀的作品都可以受頒文學獎或獎金，因此，大東亞文學會議和決戰文學會都吸引了不少文人參加。這時就是所謂「皇民文學」的時代，而另一方面，居住在台灣的日本文學家的文學，則被稱為「外地文學」，以有別於內地的文學。活躍於這種戰時體制下的台灣作家，計有龍瑛宗、張文環、呂赫若、楊逵、邱淳洸、吳濁流、翁鬧、張慶堂、賴明弘、吳漫沙、陳火泉、王昶雄、楊千鶴、葉石濤、吳瀛濤和陳千武等人。

1904年5月，在《新泉》同人誌中，刊登了以宇野覺太郎為中心的萬葉古今融合派系的和歌；1905年，以柴田廉太郎為中心的明星系的短歌，則在《二千星》之中頗為風行；1907年，《綠珊瑚》刊登了渡邊常三郎的新湖自由律的俳句。

進入1911年的大正時代之後，各派系的和歌和俳句散播於台灣各地，例如，自1920年到1945年之間的《尤加利樹》

俳句雜誌和《璞玉》和歌雜誌，總共發行了兩百期以上；
而在書籍方面，留下的資料也不少，像《綠珊瑚》、《人
形》、《原生林》、《紅樹》和《台灣》就是透過和歌和俳
句來描述台灣的自然文物和生活情感的作品。

在日本的傳統文學之中，直到今天還被大家所喜愛的，
畢竟還是和歌和俳句莫屬，因爲，它們比漢詩更有規律，比
較容易親近，也沒有必要去注意押韻的問題。它們的生命力
比漢詩更強更久。

◎台灣文學界在日治時期相當活躍

台灣文藝聯盟的機關雜誌《台灣文藝》於1934年創刊，
根據同年12月所刊登的第一屆台灣全島文藝大會的記錄顯
示，出席會員總共八十二人，該雜誌可同時刊載漢文（白話
文）和日文的文章，執筆人是黃得時、張深切、楊宋愚、巫
永福、吳天賞和張文環等人。隔年12月，內部因路線不同而
產生分裂，張文環離開《台灣文藝》，另外成立啓文社，隨
後並和楊逵等人創刊《台灣新文學》，之後，張文環等人又
和日本作家創設「台灣文藝家協會」。

1936年8月，《台灣文藝》因時局緊張而停刊，緊接
著，《台灣新文學》也在1937年6月停刊，同年4月時，新聞
和雜誌的漢文版面被命令廢止。1939年，「台灣文藝家協
會」和以台灣作家爲中心的「台灣文藝聯盟」結合，重新創
辦《文藝台灣》，隨後又於1941年創刊《台灣文學》。

　　其實，《文藝台灣》係由「台灣文藝家協會」的西川滿和台灣民報社的黃得時兩人做爲發起人所創辦的文藝雜誌。西川滿出身於日本會津若松市，3歲時隨父母渡海來台，自台北一中的學生時代就開始進行創作，不過，由於未通過台北高校的入學考試，因此，返回日本進入早稻田大學法文系就讀，26歲時再度來到台灣，直到戰爭結束爲止，總共在台灣度過了三十個年頭。西川滿是在台日本作家的典型代表，對西川滿的詩風，俳句詩人矢野峰人的評論是「充滿異國風味的燦爛」，而張文環則說是「無所事事的婦女的家家酒」。

　　另一方面，以新世代日文作家身份登場的，是被稱爲「皇民作家」的周金波。他的名字之所以聞名，主要是拜刊登於《文藝台灣》（1941年9月號）的〈志願兵〉這篇文章之賜，這篇以做爲近代民主國家的國民來探討台灣人意識的文章，讓他獲得了第一屆文藝台灣獎。

　　周金波於1920年出生在基隆市，出生後不久，就隨著母親到日本，依靠當時正在日本大學牙醫系留學的父親，之後，雖暫時回到台灣，但13歲時又再度去日本留學，唸完日本大學附屬三中和自日大牙醫系畢業之後，即留在日本生活。留學期間，日大牙醫系的文藝雜誌《曉鐘》，因他的小說〈吾輩非貓〉而得以復活，他的處女作是〈水癌〉，而〈灣生和灣製〉也是留給後世的優秀作品之一。

　　二次大戰結束，中華民國政府佔領台灣之後，台灣開始禁止使用日文，台灣籍的日文作家失去了活躍的舞台，周金

波也是其中的一員，曾被中華民國政府逮捕過兩次。最近，他的作品再度獲得重視，《周金波日文作品集》於日本出版後，2003年在台灣也出版了中譯本的《周金波集》（前衛出版）。

周金波雖然在戰後封筆，但另一位被認為是皇民作家的陳火泉，則在戰後返回文壇。〈道〉是陳火泉的代表作，它是描寫台灣人被皇民化的心理糾葛的作品，雖然曾經被批評是「抗議文學」，但實際上卻感動了不少讀者。

陳火泉於1980年的「光復節」獲得了「聯合報獎」，接著又在第二年被頒授國家文藝創作特殊貢獻獎，理由是：「在台灣被日本佔領的惡劣環境下，仍然繼續維護中華文化，於苦難的時代中留下血淚的見證。」

但陳火泉的作品果真具有這麼高的評價，稱得上是繼續維護「中華文化」的作品嗎？其實，讀者是將他的作品當作抗議文學來看的，作者也是這麼認為，正因為如此，所以他的作品才能夠留給後世。在這個主題的基礎中，存在著台灣人喪失認同意識的大問題，絕不是為了維護中華文化。

◎戰後封筆的台灣作家

進入戰爭末期之後，活躍於台灣文壇的作家和文人，開始進行各種準備以迎接終戰後的新時代的來臨。1945年年底，抗日派和皇民派結合成一體，陸續創辦《民報》、《台灣新生報》、《政經報》、《鯤聲報》和《新新雜誌》等

等。特別是，擔任抗日急先鋒、醉心於社會主義的楊逵，馬上成立了「一陽農園」的新生活促進隊，並創辦《民生會》和《一陽週報》等雜誌，竭盡全力介紹祖國的革命成功和理想的實現。翌年的1946年，《人民導報》、《台灣民聲日報》、《中華日報》、《興台新報》、《自由日報》、《台灣文藝社》、《台灣文化》、《台灣藝術社》、《台灣月刊》和《新知識》也陸續創刊。

　　不過，被這批人以期待和希望來歡迎的「祖國」，卻反而犬牙相向，因為台灣新的行政長官陳儀，於「光復」一週年的1946年10月25日，對台灣所發行的報紙發出了廢止日文版面的命令。自1930年代末期起，台灣的報紙幾乎已看不到漢文，40年代的台灣完全變成了日文的時代，陳儀瞭解這種狀況，所以發佈了前述的禁令。

　　當時，台灣已經完全是一個日文的社會，魯迅的親戚、也是台灣省編譯館館長的許壽棠，在寫給魯迅夫人的信上也有這樣的記載，他在信中說：「台灣人和中國人之間的最大障礙是語言。台灣同胞幾乎都講日語、唸日文，國語（漢語）和國文（漢文）的程度很低。」在台灣居民之中，能夠讀得懂中國國文的人本來就非常少，更何況也幾乎沒有可以接觸白話文的機會，正因為如此，所以台灣居民在日治時代就很認真的學習日文，使用日文來寫小說。

　　陳儀的日文禁令一發佈之後，在日本文壇也很活躍的龍瑛宗，雖然擔任《中華日報》的日文版編輯，但他的身影立刻自台灣的文壇上消失不見。然後，台灣人和中國人的文化

摩擦，到最後竟然演變成遍及全台灣的反中國人的「二二八事件」。

慌慌張張的國民黨政府，從中國派出大批的軍隊到台灣來鎮壓台灣人，自大正、昭和以來的台灣知識份子，一個不漏的在這個事件之中被撲殺，國民黨政府接著頒布長期戒嚴令，開始實施所謂白色恐怖的恐怖政治。

在「二二八事件」中首先被撲殺的，是王添灯（人民導報社長）、林茂生（民報社長、台灣大學文學院院長）、林宗賢（中外日報社幹部）、吳金煉（新生報日文版總編輯）、宋斐如（後來的人民導報社長）和陳澄波等一干人，推測人數達到三萬人。

接著，台北的《大明報》、《民報》、《人民導報》、《中外日報》、《重建日報》，以及台中的《平和日報》與《自由日報》等各家報社，都被一一的勒令關閉，完全剝奪台灣人的言論自由，開始朝愚民化政策推進。

台灣第一才子呂赫若，也在「二二八事件」之後自人間消失。國民黨這種統治台灣的強硬作風，即使對充滿著社會革命滑稽理想的楊逵也不放過，楊逵夫婦兩人也都在「二二八事件」之後被逮捕。

楊逵雖然不久被釋放，但之後卻因為在上海的《大公報》上發表呼籲和平的文章（當時正值國共內戰時期），而再度被捕入獄，並判處十二年的勞役，其實，在這之前，他也曾因從事反日運動而有數度被逮捕和拘留的記錄。楊逵太熱衷於革命的理想，因此對夢想中的祖國懷著天真的想法，筆者曾經在70年代於東京澀谷和楊逵會過面，當時，筆者是受明

治大學王育德教授之邀而去，當然聽說過這位頗負盛名的小
說家和他的精彩人生，但實際會面之後，發現他已經變成一
位冥頑不靈的老人，說話的內容盡是脫離現實的東西，因此
頗爲驚訝。

　　從中國的角度來看，台灣簡直是異域之地。1947年4月1
日台灣長官公署的《新生報》，在社論中這麼說：「我們的
任務是把本省同胞從日本思想的桎梏之中解放出來，消滅日
本思想的毒素，讓本省同胞充分認識祖國和瞭解祖國。」

　　戰前接受日本教育的台灣小說家和文學家，似乎大家都
努力的在「瞭解祖國」，個個都噤若寒蟬，日文世代的小說
家已因爲日文的禁令，而不得不將文筆束之高閣，自言論界
消失。接著，在「二二八事件」之後的1950年代到60年代之
間，台灣的文壇變成了全然空白的時代，這種情況當然不只
發生在台灣，戰後的中國也是一樣。這是一個作家受苦受難
的時代。

　　中國在文革時代，除了已去世的魯迅外，所有的作家都
被整肅殆盡，幾乎都以勞改的名義下放農村，這種狀況或許
和主義思想或意識形態無關，而是中國人特有的宿命也說不
定。

　　「二二八事件」之後，台灣作家自台灣文壇消失，取而
代之的，是自中國進來的外省人變成了主流，他們以「反共
文學」、「放浪文學」和「鄉愁文學」爲主軸展開活動，把
台灣當作反攻大陸的基地，結果，台灣的文化開始沙漠化。

　　經過長時間的沙漠化之後，自1970年代開始，台灣的鄉

土文學終於慢慢的開始復活。於日治時代發芽且剛要開始成長就被摘除掉的台灣鄉土文學，經過長時間的冬眠之後，終於再度受到陽光的照射。不管是戰前的台灣作家、或戰後的作家，對體制都具有相當的批判性，而且也有強烈的反骨精神，這大概是肇因於他們都是生長在和異文化產生摩擦和文明衝突的動亂時代的這種歷史背景。尤其，在戰後的「白色恐怖」時代中登場的台灣鄉土文學作家，內心都認為「所謂鄉土文學就是在發現死亡」，不諱言是在遭受逮捕和死亡的恐怖之中，以生命來持續創作反中國和反外來政權的作品。

在這一點上，也可以發現脈脈相傳的武士道精神。

【第六章】

中國人破壞日本人建立的共通語言

◎沒有日語就沒有今日的台灣

　　台灣開始有共通的語言，是在二十世紀的初期。日本以外來統治者的身份來到台灣後，由於在全島普及實施日語教育，因此，日語就被做爲共通語言來使用。之後，每一位台灣人遂以日語來學習近代社會科學、近代自然科學、近代世界思想、西洋哲學、文學和藝術，逐步建立台灣近代化的精神性與物質性的基礎。

　　在這之前，台灣是一個多語言的島嶼，如果地區和部族不同的話，雙方的意思溝通就非常困難。因此，如果沒有日語這個溝通媒介的話，就不會有今日的台灣，筆者敢斷言說，如果沒有日語，就不可能透過人與物的流通，讓近代市民意識、民族意識、單一市場和成熟的近代化社會存在於今日的台灣。

　　再者，日語混進台語的語言世界之後，增加了台語的語彙，並豐富了近代的新造語，大幅影響了今天的台語，比閩南語語源所造成的影響還大，台語化的日語，直到今天還經常在使用，像「多桑」和「阿沙力」就是。

　　本章想要說明的是，多語言社會的台灣如何被日語所改變、以及日本人致力普及日語的功勞。

◎近代民主國家不可欠缺的文字和語言

不用說，語言會隨著時代而變化，即使是日本的明治、大正和昭和等時代，不只是文章體，連日常用語也有很大的變化，尤其是自戰後起，除了死語和避諱語增加外，外來語也跟著到處氾濫。今天，如果不使用外來語的話，則音樂和演藝方面的刊物內容可能就無法講清楚了。

如此這般，當日常會話的變化如此激烈時，祖父母和孫子的溝通就會越來越困難，甚至於雙方的關係恐怕也會因價值觀的變化而變得非常僵硬。雖然這麼說，但在日本，祖父母和孫子之間還是使用相同的日語，縱然多少有點僵硬也還不至於影響到雙方的會話。可是在台灣，這個問題就相當嚴重，因為有很多的實例顯示，祖父母和孫子之間完全無法用語言溝通。

這個問題的根源，是台灣有很大的語言問題。共通的文字和語言，乃是建設近代民主國家的最重要課題之一，即使是日本，這種問題自開國維新以來也一直存在著，甚至還有學者和教育部長極力主張應該讓英語或法語成為日本的國語，森有禮和志賀直哉就是其中的代表性人物。

歷經這種過程之後，現在的日本不管是在民族性方面或語言性方面，都成為全球同質性最高的國家之一，不過，即使同質性這麼高，也依然有關西腔、鹿兒島腔和東北腔等方言的存在。筆者雖然住在茨城縣，但有一天，陪內人到區公

所繳交汽車稅時，承辦人用茨城方言來說明，我們完全不知道他在說什麼，若不是生長在東京的內人請他用正式日語來說明的話，根本不曉得他在講什麼。

另外，筆者每一次去東北地區演講時，也都會對東北腔感到迷惑。連大眾媒體是全球最發達的日本也都會有這種狀況，更遑論其他的亞洲國家，因為除了北韓和南韓外，其他都是多民族、多語言和多文化的國家。縱然不是中國和印度這種超級大國，越南和緬甸的民族也有五十種以上，菲律賓和印尼更有不計其數的民族與語言。對這樣的國家來講，想要成為近代民主國家，共通的文字和國語的確是麻煩的問題。

◎日治之前台灣的語言相當混亂

今天的台灣有講台灣話、中國話和日本話的族群，語言狀況確實頗為複雜，但台灣這種多語言的社會，到底是在怎樣的歷史軌跡下形成的呢？台灣的位置，不管是在地理學上或是在地政學上，都處於東亞和東南亞的交界處，或海上的十字路口上。然而，民族結構到十七世紀初期之前都還是屬於馬來‧玻里尼西亞語系的世界，可以說是菲律賓群島的延長，或馬來‧玻里尼西亞世界的北疆。

存在於台灣的原住民，是被通稱為山岳民族的「高砂族」，目前已從九族再擴大到泰雅族、賽夏族、布農族、鄒族、魯凱族、排灣族、卑南族、阿美族、雅美族、邵族和最

近才被公認的噶瑪蘭等十一個族群。這些高砂族的語言，如果是同一族群的話，就極爲接近，但還是會因爲居住地而有所不同，甚至還會有接近一半的語言無法互通的情形，例如，以泰雅族來講，居住在鳥來的族群和居住在宜蘭或太魯閣的族群，語言就有很大的差別。

除了山岳民族外，台灣也有居住在平地的所謂「平埔族」的原住民，過去他們都被叫做平埔蕃或熟蕃，今天，他們幾乎都已被漢族系的各族群所同化，已難以從外表上分辨出來。伊能嘉矩在他的著作《台灣蕃政志》之中，將平埔族分爲巴布薩、阿立昆、拍暴拉、拍宰海、凱達格蘭、道卡斯、羅亞、西拉雅和噶瑪蘭等九族。

對平埔族的分類有很多不同的看法，且其傳統的文化和語言，目前也幾乎沒有遺留下來。大航海時代之後的十七世紀初期，荷蘭和西班牙分別佔領台灣南部和北部，這時，由於以羅馬文字書寫的聖經和聖詩被用來做爲教化平埔族的工具，因此，對平埔族使用羅馬字的「西拉雅文字」來表示的事大家都相當瞭解。

荷蘭於1602年成立了東印度公司，1624年佔領台灣南部後，東印度公司的分公司開始在台灣經營事業，對荷蘭來講，台灣應該是南洋殖民地的邊界或延長線吧！由於荷蘭和西班牙的殖民地經營需要大量的勞力，因此，季節性的勞工自中國的東南沿海地區進入南洋，同時，大量的船上難民（Boat People）也流進台灣，然後，這些人就在當地定居，大幅的改變台灣原始社會的面貌，也給台灣的語言世界帶來很

大的影響。

這時候的台灣，不管是商品經濟或貨幣經濟，抑或是人物的交流，都尚處於未發達的狀態，因此，分居在各地的移民不太會離開自己的村落，台灣全島的共同語言也不存在。

荷蘭時代之後，鄭成功王朝和清王朝統治下的兩百三十五年間，才讓台灣的語言世界產生變化。這時，由於漢人和蕃人之間的抗爭不斷，因此平埔族慢慢的被漢族同化，平埔族語言也被一部分的漢語系民族所吸收。

本來，平埔族即使是被漢化，也會因族群的不同而各自擁有不同的語言。

況且，自十七世紀初期陸續進入台灣的漢語系移民，是以閩南語系的泉州語族、漳州語族和廣東系的客家語族以及福州語族為主。這些族群都各自興建有祭祀道教系守護神的廟宇，並以該廟宇為軸心來形成自己的聚落。

如此這般，台灣成為多種族和多語言的社會。

◎台灣和中國的語言世界都有斷層

像這樣，台灣也和中國或其他的亞洲國家一樣，是一個多種族和多語言的複合社會，就這一點而言，日本、北韓和南韓相對的較為得天獨厚。在中國，除了有五十個以上的民族外，即使是其中之一的少數民族，也會因居住地區的不同而有不同的方言，不僅口語不同，連文字表達也不同，有關這方面的詳細說明，可參考拙作《隱藏在漢字文明中的中華

思想的縛咒》（集英社）。

　　當然，漢語是既複雜又分歧的，尤其，南方漢語只要隔一座山或一條河就幾乎無法通用，筆者自幼年開始就有這方面的豐富經驗，筆者的故鄉雖然是以使用「台灣話」為主，但隔壁兩棟就住著潮州人和福州人，在那裡，語言完全不通。

　　即使是相同的漢語，南方和北方也會有四聲或八聲、甚至更多抑揚頓挫的不同發音。不僅如此，文字也會因文法而有不同的排列，這種「順行結構」和「逆行結構」的排列，早已成為語言地理學的研究領域。例如，說到雞的性別時，南方漢語把雄性叫做「雞公」、雌性叫做「雞母」，但北方漢語的叫法卻是相反的，雄性是「公雞」、雌性是「母雞」。這種語言的排列和語順的變化型式，一般認為是肇因於構成語言的基層結構之不同所致。

　　這種漢語的不同之處也是沒有辦法的事，比起歐洲世界，中華世界的面積和人口都龐大很多，以福建語為例，其中包括閩北語的福州話、以及閩南語的泉州話和漳州話等不同語言，在程度上，這些語言的不同就猶如葡萄牙語和西班牙語的南轅北轍一樣。

　　一般認為，地球上的語言高達五千到八千種之多，若只將它們分為印歐語系（Indo European）和烏阿語系（Ural Altaic）兩個「語族」時，並不是妥當的分類方式，這種分類法可能是從表音文字這個觀點出發的，並不適合拿來做為漢語族的定義。漢語族只是以漢字做為交流溝通的手段，因此，即使

有「漢字」和「漢文」，也不會有共通的「漢語」或「漢語族」的存在。漢民族是「字族」，不是「語族」。

　　台灣的語言世界，基本上類似於中國社會，爲多民族、多語言和多文化的社會，即使台灣的歷史腳步和中國完全不同，但語言世界卻和中國一樣，都有斷層存在，這是台灣語言世界的特徵之一。

◎日語成爲台灣最初的共通語

　　在十九世紀末之前，台灣雖然沒有共通的語言，但畢竟語言還是需要的，此時平埔族話卻已瀕臨滅亡，無法拿來使用，因此，隨之而起的，是混合泉州話和漳州話的所謂「不漳不泉」的語言，之後的「台灣話」就是以這種語言爲基礎所發展出來的。目前，「台灣話」也被叫做「閩南話」或「福佬話」，由於是台灣獨自發展出來的語言，因此，應該理所當然地叫做「台灣話」吧！

　　清朝統治台灣的末期，在官民之間的談話上，平民講的是漳泉系的台灣話和客家話，然後再由擔任口譯的官吏把它們修正爲可以向上頭傳遞的官話，至於與山岳民族的談話則是透過「通事」（口譯）來進行。在台灣島內，就像這樣，還是各自以獨自的語言來說話，仍然沒有一種共通的語言。

　　日本在這種情況之下開始統治台灣。日治時代的初期，做爲軍隊一員而隨行的口譯人員，都知道必須要儘快學會台灣話，因爲，在台灣要用台灣話才行得通，不是用清朝的北

京官話。因此，很多到達台灣的日本人，都被迫必須學會台
灣話。

在伊澤修二擔任台灣總督府學務部長的期間（1895年5
月～1897年7月），學習台灣話的教材如雨後春筍般的冒出，
從出版數量來看，也可以知道當時學習台灣話的熱潮、以及
台灣話發音表記體系尚未建立的混沌狀態。

日治初期的日本人，學習台灣話非常認真，而且，自
1895年起，台灣總督府學務部聘任吧連德和林瑞庭兩人為口
譯員之後，又出版了很多台灣話的著作，例如，神野保和
的《台灣語集》、加藤由太郎的《大日本新領地台灣語學指
導》、佐野直紀的《台灣土語》、田內八百九萬的《台灣
語》、水上梅彥的《日台會話大全》、辻清藏與三矢重松的
《台灣會話編》、御幡雅文的《警務必備台灣散語集》、田
部七郎與蔡章機的《台灣土語全書》、秋山啓之的《實用日
台灣新語集》、保野和吉與高橋靜虎的《軍用台灣語》以及
學務課的《台灣十五音及字母表》、《台灣十五音及字母詳
解》、《台灣適用會話入門》、《台灣適用作文教授書》等
等。

除了台灣的各種文化外，做為共通語言的日語也登場
了，居住在台灣的所有種族開始接受日語教育。1930年，做
為「皇民化政策」的一環，開始獎勵在學校和公共場所使用
日語，就某種角度而言，這般事實會被解釋為是「日本對各
民族語言文化的剝奪」，但這其實不是「剝奪」，而是將更
普遍化的共通語帶進了台灣，其證據是，學校和公共場所姑

且不論，在日常生活中並沒有剝奪掉當地人的母語。

　　寧可說，對台灣人來講，日語教育乃是引進社會科學和自然科學等近代化知識的工具，語言的成熟度等同於文化水準。因此，明治時代以後，如果沒有靠日語的話，台灣的居民應該無法接受西歐近代知識並走上近代化之路吧！靠中國語是不可能近代化的，日語確實是台灣近代化的母語（Mother Language）。

　　根據1899年的調查資料顯示，台灣兒童的就學率只有2.4%而已，但到了1905年時是4.66%、1935年是39.33%，到大戰結束之前的1944年時更飛躍似的成長到71.17%。

　　再說，從日本人為了教化台灣人而必須學習台灣話這件事來看，也可以知道日本人根本沒有剝奪語言文化的意圖。尤其，由於官府的警察學校和師範學校的教師都必須學習台灣話，因此，在陸軍幕僚大塚少尉提出公開學習台灣話的建議之下，於1895年12月18日開辦了台灣話學習會，當時的講師是國語學校的吉島俊明教授，擔任台灣話指導的是王星樵和陳文溪兩人，《台灣文化誌》的作者伊能嘉矩也在這個學習會中學習台灣話。

　　直接和居民接觸的警察，也必須學習台灣話，在日本人當中，台灣話最能琅琅上口的就是

伊能嘉矩

日本警察。相較之下，於戰後來到台灣的國民黨警察，由於不想學台灣話，幾乎都不會講台灣話，因此才會不斷發生問題。

　　日本於統治台灣十年後的1905年，開始進行台灣全島的戶口普查，結果，五萬七千三百三十五位日本人當中，能夠講台灣話的有六千兩百六十九人，佔全體的10.9%；而1920年首次進行的台灣國勢調查顯示，十六萬四千三百三十五位日本人當中，有一萬五千七百六十人會講台灣話，佔全體的9.6%。

　　自二十世紀初期開始，生活在台灣的日本人約有10%會講台灣話、或聽得懂台灣話，特別是警察和學校教師都可以在實務上使用台灣話。但中國人於戰後來到台灣後，台灣話卻變成了禁止使用的語言，相較於認真想要學台灣話的日本人來講，可說是很大的對比。而且，一說到日治時代的日語教育時，也似乎立刻成為邪惡的象徵，因為日本人在教導日語的同時也在熱心的學習台灣話。

　　對台灣來講，日本的到來，也正是可以獲得日本文化這種異國文化和日語這種共通語言的良好機會，因為這樣，台灣才能夠向近代化社會轉變。這才是正確的歷史認識。

　　戰後，對進入國民黨政權下的台灣來講，不幸的是，國語從日語變成了北京語，讓原本以日語邏輯為架構的近代化軟體，變成了無法使用的東西。因為，教育和媒體的通訊方法都必須從零開始，尤其對那些已經熟諳日語的人來講，已完全失去賴以吸收新知識和情報的方法，宛如被丟入未知的

黑暗世界。

　　對國民黨實施禁用日語和禁講台灣話的政策，很多批評者都指出這是明顯的愚民政策。

◎致力於台灣話的系統化和近代化的日本人

　　即使是今天，還是有很多人把「台灣話」叫做「閩南話」、「福佬話」或「廈門話」，不過，已故的語言學家王育德曾經指出，台灣話和閩南話是不同的東西，甚至，篠原正己也有以下的主張（取自《日本語和台灣話》）：

> 　　廈門話確實是夾在泉州話和漳州話的中間，做為前往台灣的跳板，廈門這個門戶雖然一定會讓這兩種語言產生混合，但台灣卻早已整合這兩種語言，並且開始使用起來了。廈門話是台灣話衍生出來的產物，也就是說，「不漳不泉」的語言應該稱為「台灣話」。

　　筆者也有同感，因為現代的台灣話，已經在台灣度過兩百多年的歷史，在熟成的過程中多少吸收了各平埔族的語言，而成為新生的「不漳不泉」的混合語。

　　再者，台灣話在這一百多年來，也吸收了日語、中國語（北京話）和英語等新外來語言，讓台灣話更具有獨特性。王育德教授就指出，除了「不漳不泉」之外，外來語的包含

率極高也是台灣話的特徵，他更
進一步指出，外來語的包含率會
依個人的教育程度、學識和年齡
而有大幅的變化。

小川尚義

　　小川尚義是研究台灣話和高
砂族相當有名的人物。1869年出
生於愛媛縣松山市的他，歷經縣
立松山中學和第一高等中學後，
在東京帝大語言學系取得學位。
之後，小川進入台灣總督府學務
部，埋頭於高砂族的研究上，小川的研究相當縝密和周全，
曾爲了研究的需要而深入高砂族的村落中生活，1935年出
版的《台灣高砂族系統所屬之研究》和《高砂族原文傳說
集》，即是其研究結果的彙總，隔年更獲得學士院的恩賜
獎。1907年發行的《日台大辭典》，就是採用小川所設計的
文字表示法。隨後，小川接受總督府的指示，著手《台日大
辭典》的編纂工作，這是一部耗費他二十年的歲月才完成
的大作，上、下卷分別於1931年3月10日和1932年3月31日出
版，上下兩卷合計一千九百二十頁，這部巨著總共收錄了九
萬個以上的語彙，自出版到今天即使已經超過半個世紀，但
仍然是台灣語辭典最頂尖的傑作。

◎國民黨政府對台灣話和日語採取撲滅政策

　　戰後，來到台灣的國民黨政府，對日本於日治時代所進行的近代化教育，大肆批評是「奴化教育」，並主張「皇民化運動」和「愛用國語」政策是「日本對各民族語言文化的剝奪」。但這是一項完全沒有事實根據的歷史捏造。

　　在日治時代，針對台灣的文化和語言所進行的相關研究與保存，不僅成為目前最珍貴的資料，而且當時的研究至今尚無人能夠超越。當時，致力於該研究的學者，有伊能嘉矩、鳥居龍藏、栗野傳野丞、尾崎秀眞、金關丈夫和森丑之助等人。

　　對台灣的傳統文化和語言採取撲滅政策的，不是別人，正是國民黨政府，因為國民黨斷斷續續的對台灣文化實施了撲滅政策。之所以這麼做，想來，除了政治上的理由外，也有一部分的原因是從中華傳統思想之中產生的絕對性文化優越主義在作祟吧！

　　清朝時代，對歸順的平埔族「熟蕃」，都會強制使用漢姓和中國大陸的祖籍，但對不歸順的

鳥居龍藏

蕃人，則不僅要課徵五倍到十倍的稅金，而且準備了嚴苛的勞役來伺候。在這種同化與統一的政策下，所有的平埔族幾乎都從台灣這個地方消失了，雖然這是中國人引以爲傲的同化和華化政策，但實際上，這是把撲滅民族當作是國家大計的民族政策。即使是今天，中國還是在西藏進行這種壓制和同化政策。

在第九章之中，將會詳細的說明台灣文化的累積性和重疊性，其中，包括日語在內的日本文化已經成爲台灣文化的要素之一，但國民黨政府一進入台灣之後，卻立刻要將這個要素去除掉。

禁說日語、禁唱日本歌、禁演日本電影和廢止日文新聞雜誌，所有和日本有關的東西都在禁止的行列，同時，還進行反日教育，筆者唸小學時，連日本式的名字都被禁止，並強制要求更改。

1946年，新聞的日語文藝專欄被廢止；1953年，對各學校的學生頒布了日本式漢字的禁止使用令。因此，台灣的街道到處都是以孫文和蔣介石的名號命名的「中山路」和「中正路」，具有歷史淵源的街名，一旦落入中國人的手裡，就馬上變成了非常無聊的名稱。

再說，對以日語做爲日常用語的山地原住民，也在1958年公布了「台灣省加強山地教育實施辦法」，禁止在學校中使用日語。

如此這般，國民黨連根拔除日本文化，消滅台灣文化，想要在台灣植入中華文化。傳統性的地名和街名都變成了中

國味，從台灣傳統技藝到電視、收音機的節目，都禁止使用台灣話，甚至於沒收台灣話的聖經，在學校講台灣話也要遭受罰款、體罰或凌辱的處罰，想要徹底抹殺台灣文化。

蔣介石父子兩代的台灣文化撲滅政策，進入李登輝時代之後終於稍見緩和，多元性的文化事實慢慢的被承認。如果從這些戰前戰後的文化政策來看日本和國民黨政府統治台灣的方法，就可以很清楚的看出兩者有很大的差別。

◎東亞的現代用語幾乎都是日本製

像這樣，國民黨政府進入台灣之後，完全禁止使用日語。但實際上，目前的台灣話、中國話、或是韓國話，如果沒有日式新造語的話，就無法做為近代語來互相通用。這麼說一點也不過份，因為，社會科學和自然科學的用語，以及大部分的現代用語，都是在日本的開國維新時期所創造出來，之後再經由中國和韓國的留學生帶回自己國內，逆向混進漢字文化圈之中。在台灣島內，日語族當然不用講，台灣語族和中國語族也都在使用日本的近代新造語，反之，如果不使用的話，就會造成會話溝通上的困難。

在漢字文化圈之中，原本就不是日本單向的在接受中國的恩惠，自進入近代之後，反而是中國單向的在接受日本的回饋。畢竟，漢字自兩千年前的漢朝起就已經失去造字能力，其原因是儒教的尚古主義所致，也就是說，文人幾乎都只生活在古典書籍的注釋上，完全失去了創造性。

　　日本雖然自兩千年前起接受中國的漢字文化，但十九世紀之後，日本反而成了新文化的發源地，持續對中國產生影響。日清、日俄戰爭之後，大陸和朝鮮半島的留學生競相來到日本；而以中國革命爲目標的革命家，更以東京和橫濱做爲據點展開近代化的宣傳活動，日本就像是東亞的革命基地一樣。

　　日本在開國維新時期所創造出來、可以表現近代概念的新漢字，經上萬人以上的留學生轉由上海搬運回國後，近代漢字就這樣經由轉接站的上海擴散到整個東亞地區。

　　目前這種趨勢也沒有改變，新漢字由日本慢慢的朝中國輸出，反之，自中國流向日本的漢字卻極爲稀少，即使有也頂多是拉麵、面子和老頭兒這一類的東西，或者是一些打麻將上的用語，在日語之中也都只是屬於俗話而已，但從日本輸出的卻是代數、三角、微積分和方程式等這些近代用語。一般而言，在穩定的時代，語言和文字都會維持著穩定的狀態，不會有所變化，只有在動盪的時期，外來語才會不斷的湧入，而且會具有豐富的創造性。

　　日本人在漢字和漢語的造語能力上，以自幕府末期到明治維新、和自戰後至今日爲止的期間最爲活潑。自幕府末期到明治維新的這一時期，日本人創造出很多「新漢語」，因此，除了促成日本的近代化外，也在兩千年來已僵化的中華帝國的傳統社會和瀕臨彌留狀態的漢字文化圈之中吹進了一股新氣息，對中國的近代化帶來了很大的貢獻。

　　自日本輸往中國的漢字，計有國會、憲法、立法、

司法、行政、政體、權利、義務、議決、自治、科學、眞理、論理、哲學、經濟、景氣、銀行、消費、保證、條件、演說、歸納、抽象、象徵、概念、主觀、客觀、宗教、自由……等等。另外，結合台灣話和中國話而成的和製漢語，則有舞台、記錄、權威、浪人、目標、請求、身分、例外、個別、目標、交通、取消、化妝品、不景氣、派出所和委員會等等。

根據早稻田大學實藤惠秀教授的論文，中華人民共和國憲法約有75%的用語是屬於和製漢語。尤其是，自然科學和社會科學的用語如果不使用和製漢語的話，就無法寫出一篇完整的論文出來。

其中，雖然多少也有中國的古典語，但賦與近代化概念並加以使用的則是日本知識份子。不過，在包容這些新用語之際，中國也曾經拒絕接受和引發爭論，例如，「經濟學」這個和製漢語初次輸入中國時，中國的教育學家嚴復主張應該翻譯成「計學」來使用，而梁啓超則主張譯爲「平準學」，雙方爭辯之後，梁啓超雖放棄「平準學」，表明想改爲井上辰九郎的《生計學史》中的「生計」，但最後卻採用了來自日本的新造語「經濟學」。

如此這般，比起拘泥於傳統且頑固的中國人，日本是以彈性和包容力將西歐的近代語引進日本國語之中。本來，日本人除了漢學外，早就接受西方文化的薰陶，所以對西歐文化的排斥不大。

對今天所形成的新概念，使用適當的詞彙來表達，也是

促進知識的普遍化和消化不同文化所必要的。透過當時的留學生，這種和製漢語向東亞地區擴散，實有助於東亞地區的近代化。

◎溶入台灣話之中的日語

自十九世紀末起，日本近代教育開始作用在台灣文化上，因此，台灣文化的基礎也有日本文化的影子。尤其，在全力發展國語、實學和師範教育之後，結果，給多語言社會的台灣帶來了日語這個共通語言。

台灣人將日本文化的和歌和俳句加以消化後，使得以日語來寫小說的台灣小說家，自1930年代起開始躍上舞台，其中，最被日本人所熟悉的，就是以《亞細亞的孤兒》、《泥濘》和《黎明前的台灣》等三部小說而聞名的吳濁流。

不過，在戰後國民黨政府的白色恐怖之下，台灣禁止使用日語，讓使用日語的台灣作家突然間失去了創作的依靠，但不管如何禁止，接受日語教育的知識份子始終無法拋開日本文化，這些被稱為「日語族」的人，即使到今天還是成立了和歌、俳句和川柳的同好會，繼續使用日語來進行創作，曾獲得日本菊池寬獎的《台灣萬葉集》（集英社）就是他們代表作的總成。

當然，在台語之中，也有很多開國維新後的和製新生語，不僅是近代社會科學和自然科學的用語，而且還成為台語的一部分，像日本精神和切腹都是。在這裡應該注意的

是，台灣話對外來語也具有豐富的吸收力，不比日語差，除了在日常會話中會經常出現日語的單字外，在年輕人的次文化用語中也都會直接引用日語或英語以省卻翻譯上的麻煩，就目前而言，中國還未看到這種現象。

　　大家雖然都知道中國話在引進外來語上非常困難，但為什麼會這樣呢？為什麼中國話和台灣話有這麼大的差別呢？理由很簡單，因為它們不是同種的語言。而台灣話和中國話的語法之所以有很大的不同，主要是台灣話未受到阿爾泰（Altaic）語系的影響所致。

　　台灣話是泰語語系的一支，基礎部分和泰語語系的使用方法完全相同，光從這一點，就可以知道中國話和台灣話有多大的不同吧！另外，台灣所使用的和製漢語在意義上也和日語的一樣，像「手形」、「切手」、「貸切」、「自動車」、「自轉車」都和日本相同。但這些名詞轉換成中國話後，就有完全不同的表現，像「手形」變成是「支票」、「切手」是「郵票」、「自動車」是「汽車」、「自轉車」是「自行車」。

　　再說，在台灣話當中，不管是在意義或發音的使用上，也有完全和日語都相同者，像沙西米（サシミ）、壽司（スシ）、看板（カンバン）、榻榻米（タタミ）、勉強（ベンキョウ）、郵便局（ユウビンキョク）、案內（アンナイ）、當值（トウチョク）、勘定（カンジョウ）、挨拶（アイサツ）等等都是。

　　而為了使用日本的假名，台灣也經常以相似的漢字的聲音來呈現，像「オバサン」的「歐巴桑」、「サヨナラ」

的「沙約那拉」、「カラオケ」的「卡拉OK」、「カワイ
イ」的「卡哇伊」、「オデン」的「黑輪」等，都是脫離漢
字意義的擬聲語，李登輝前總統喜歡使用的「頭殼恐古里」
（アタマコンクリ）也是很好的例子。

此外，「ラジオ」（收音機）、「ピストン」（火星
塞）、「エンジン」（引擎）、「トラック」（卡車）、「テ
ンプラ」（甜不辣）、「セビロ」（西裝）、「ネクタイ」（領
帶）、「アッサリ」（爽快）、「キモチ」（心情）和「ウン
チャン」（司機）等假名表示語，也已經在台灣話當中生根
定形。

另一方面，雖然說中國話食古不化，但也並不表示完全
沒有變化，其中，就有些日本人很佩服中國話的漢字造語能
力，像「ミニスカート」變成「迷你裙」、「コカコーラ」
變成「可口可樂」。「迷你」是「誘惑你」的意思，可以充
分的表達短裙的性想像，不過，遺憾的是，「迷你」也只用
在短裙上的用語而已，無法普遍的使用在其他的ミニコミ
（小眾媒體）和ミニカー（小型車）之上，這一點可能就是中國
話欠缺柔軟性之故吧！

◎戰後日語也繼續流入台灣

不僅明治時期的新漢語已成爲漢字文化的新血，最近，
日語更在東亞地區照樣流行起來，這種現象可能是隨著日本
經濟力的提昇，而使得日語被當作外來語深化到漢字文化之

中的緣故吧！

　　中國人創造出漢字的原理和硬體，日本人則創造出可予以配合的軟體，提高漢字文化圈中的利用價值，這種情況，就宛如美國發展科學技術的硬體，而日本開發出軟體一樣。

　　在國民黨政權之下的台灣，自戰後起至今，一直都在持續實施反日教育，不過，其結果卻和國民黨政府的企圖相反，台灣對日本文化的包容度有增無減，究其原因，主要是國民黨政府無法獲得民眾的信賴，年長者長期冷靜觀察日本和中國的實際狀況之後，反而在家庭中對在學校和工作上所受到的反日教育進行了修正。

　　反日教育不僅對日語族沒有說服力，而且還刺激了所謂「哈日族」的新新人類。在哈日族的日常用語之中，目前最流行的是以下的各種流行語：「摩西摩西」、「阿娜達」、「一級棒」、「奇檬子」、「哆啦A夢」、「多毛阿里阿多」、「呼伊死」……等等。此外，像超特價那樣的「超××」的說法，和「某某桑」、「某某匠」、「某某族」、「某某物語」也都在年輕人之間大量使用，成為道地的台灣話。

　　日本的平假名「の」，也在台灣被照樣引用，像李昂的《自傳の小說》（1999年，皇冠出版社）就有の這個字，書名不使用代表「的」或「之」的中國話，卻特別去使用平假名的「の」。

　　另外，也有很多台灣人，還是不使用戰後流入的中國話，依然喜歡使用自戰前起就殘留在台灣話之中的日語式日

常用語，像齒科（牙科）、先生（老師）、辯護士（律師）、野球（棒球）、脫線（脫節）、放送（廣播）等等都是。

　　順便一提的是，雖然齒科醫院在台灣或日本都稱爲「齒科」，但在中國卻被稱爲「牙科」，對這一點，有些牙科醫師就認爲，中國話把人類的牙齒看成是兇禽猛獸的「牙」是一種粗野的表現，因此，主張改爲像日本話或台灣話那樣優雅的「齒科」。

　　戰後的日本新造語，也接連不斷的透過新聞和電視被吸收進來，像「萬年」國會議員、「慰安婦」、「宅急便」、「文化財」、「自動販賣機」、「寫眞集」、「援交」、「賣場」、「逆轉」、「新人類」、「不倫」、「親子」、「外食」、「暴走」、「和菓子」、「新幹線」、「浮世繪」、「花粉症」、「醍醐味」、「大爆笑」、「失樂園」、「單身赴任」和「週休二日」等等，事實上，日語不但無法消失，反而是在不斷的增加之中。

　　另一方面，戰後的日本，大量的湧進了以片假名來表示的英語和法語，這些外來語大幅改變了日本的漢字文化，尤其是在音樂、流行時尚、電子和科學技術的相關書籍之中，出現了很多片假名文字，讓在戰前接受漢字文化教育的人陷入難以理解的狀態。

　　但這種情況並不值得憂慮，因爲，能夠包容任何詞彙正是日語的特性，對高寬容性的日語來講，反覆不斷的變化，正好是進步的原動力，而且，隨著這種日語的流行，各式各樣的文化也流入亞洲，席捲各地。

　　對台灣文化影響最大的，是地名、人名、音樂、藝術和文學等日本文化要素，在這些領域之中，即使到今天，還是受到沒有日本文化就無法講明白的莫大影響。尤其，在地名方面，國民黨政府雖然在戰後大幅更改名稱，但像高雄和岡山這些日治時代留下來的地名卻數也數不完；再說，在人名方面，也可以看到相當多的「雄」、「男」和「夫」等中國人少見的日式名字，光從名字就可以分辨出誰是台灣人誰是中國人了。

　　當然，這種日本文化，不僅對台灣產生影響，也擴及東亞世界。今天的日本漫畫，正在深入以漢字為中心的媒體世界；而卡拉OK也已經取代了沒落的儒教文化圈，並逐漸形成主流文化圈。日本文化的影響力，正在以日本人料想不到的主題席捲東亞世界。

◎武士道的象徵也成為台灣人的常用語

　　今天，「武士道」、「玉碎」和「切腹」等詞彙，也被當作台灣人的常用語而台語化了。在日本，這些詞彙雖然代表強烈的國粹主義和軍國主義，但在台灣卻沒有這種負面的形象，說到「武士道精神」，就等於勇氣，而「切腹」則是被當作武士道的行動性和精神性的核心，除了代表決心外，還具有做為誓言的強烈意義。

　　在台灣，「切腹」不僅經常被使用在和朋友的約束上，在公開的場合中，為了表明言出必行的決心也會用到它，尤

其是在選舉演說時，做爲諾言的聲明和決心的誓言，也經常可以從包括李登輝前總統在內的政治家口中聽得到這句話。

中國古代雖有「刎頸」，但卻沒有「切腹」，而且，中國只有文人可以稱爲「士」，武人沒有資格稱爲「士」，也就是說，雖有「文士」，但沒有武人的「武士」，因爲「士」是文人的專利。何況，就中國人的角度來看，所謂「武士道」只不過是豈有此理的和製漢語罷了。

儒家思想的「道」，係指「仁義道德」的社會倫理而言，除了是人類應該要身體力行的道路外，也是人類社會倫理性道德的原理與原則，天下國家應該走的道路就是要盡「王道」。

另一方面，道家始祖老子所認爲的「道」，則是孕育出萬物的根本之「道」，天地和萬物之母就是「道」，而從道家思想發展出來的道教，其求道之道就在於求仙人之道。

至於佛教的「道」，則是在求人生最高境界的修行之「道」，闡明在達到涅槃之道前，有各種可以解除煩惱達到解脫的眞理道路，其中，有佛教的教祖之道、修行之道和覺悟之道。

所以，如果從東方思想的儒、道、佛等三教來看的話，則武士道既是邪道、也是霸道。爲什麼呢？因爲，武士道的「武」，和上述的儒、道、佛所追求的「道」是有很大的乖離。

不過，今天的台灣不僅包容了武士道精神，而且也沒有擁抱它的負面價值。與其這麼說，倒不如說武士道是台灣人

從亞細亞的孤兒被逼成世界的孤兒，並於這種無常且無情的孤立無援狀態下，爲了當作對抗強權的唯一精神支柱，而加以選擇和重視的道路吧！

第七章

捏造台灣史的中國人

◎追求史實的日本人和捏造歷史的中國人

在《古事記》和《日本書紀》等日本最早歷史書之中，有敘述天孫降臨的多采多姿的神話，當讀到這些時，都會油然產生日本人到底是從什麼地方來的高度興趣。不過，日本人都會把歷史的長篇小說當作小說來看，也會把神話時代和實際的歷史時代清楚的加以區別。

但另一方面，中國人卻和日本人有很大的不同，中國人把《春秋》、《史記》和《資治通鑑》等歷史書籍，當作不容懷疑的「正確」歷史來看，不容許有任何的疑問，始終相信是「正史」，是不能懷疑的東西。

中國人是極端現實和講求功利的民族，歷史可以按照實際狀況來解釋，神話或傳說可以堂堂正正的當作正史來宣揚，連「黃帝建國」這種原本屬於神話時代的天神，也可以在《史記》之中把他當作實際存在的人物來處理，將他政治化。

更有甚者，中國共產黨所「決定」的「正確」歷史，不僅強迫本身的國民必須認識，也要求各個國家必須要有所瞭解。「東亞的各民族是黃帝二十四位子孫的子孫」，中國的知識份子若無其事的這種主張，可說是其中的典型例子。

而日本人在尋根的過程中，絕不會去觸及「中國人究竟從什麼地方來的？」這個問題，也不會對它感到興趣。

在「正史」之中，明白的記載著中國人的出處，那就是

「中國人和天地同時誕生在中土中原之地」，這是中國人的「正確」歷史認識。今天的中國知識份子，竟大言不慚的鼓吹這種歷史，而且還認為腦筋有問題的人才會對中國的「正史」懷有疑問。但，其實是在十九世紀到二十世紀初期的這段時間，世界上才出現所謂的「中國人」，在這之前的子民，大都被稱為秦人、唐人、宋人或明人。當然，在中國的史書之中，並不是沒有「中國人」這種稱呼，不過，史書之中的所謂「中國人」，係指從中土中原或京師過來的子民而言，意義上和今天正在使用的「中國人」不同。

今天的「中國」雖然是指國家而言，但本來所謂的「中國」卻是指天下的中心而言，因此，所謂中國人係泛指天下人而言，在意識上，是不屬於任何一個國家的。

再說，北京原人雖然被稱為中國人，但其實這是錯誤的。不管北京原人是不是中國人的祖先，但不是中國人這一點已是現代的常識，不過，這種無知還是可以忍受的。最離譜的是，當雲貴高原發現一百九十萬年前的猿人或原人的化石時，中國的知識份子竟然欣喜若狂，驕傲的認為中國人在兩百萬年前就已經存在於地球上，開始到處宣傳中國人是人類共同的祖先，這種洋洋得意的大話簡直會讓人噴飯。

原人或真人的化石，頂多只不過是數萬年前的東西而已，是無法追溯到一百萬年前的，但即使是在數萬年前，「印度人」、「埃及人」和「希臘人」等人種也還未存在，「中國人」當然更不用說了。假定，古代大理國或夜郎國之地出現了一百九十萬年前的猿人化石的話，那麼，這充其量

也只是大猩猩或黑猩猩的堂兄弟吧！上述的猿人或原人的化石，經過DNA的鑑定後，沒有任何的證據顯示是中國人的祖先。明明是這樣，但中國人卻馬上就咬定這些化石是中國人的祖先，還驕傲的向世界宣告中國的歷史很古老，這種做法不僅應該感到慚愧，而且也會成為井底之蛙的世界笑談。

在新疆維吾爾的戈壁沙漠之中，曾經發現褐色毛髮的木乃伊，當時，據說也有一位中國學者欣喜若狂，大叫著說：「快看，在遙遠的古代也有褐色毛髮的中國人存在！」古代的西域，是雅利安系各種族的活躍之地，由於是在該地發現木乃伊，因此，木乃伊是雅利安人種殆無疑問。但中國人卻不從歷史角度出發，反而立刻就咬定是中國人，這也未免太過於自我陶醉了。

再說，還有為數不少的中國知識份子，竟然會將越南人、朝鮮人和日本人擴大解釋為本來也都是中國人呢！看來，中國人不僅過度自信，而且還是那種會以自己不成熟的理論來強迫對方接受才甘心的人種。

◎中國想創造「一個中華民族」的理由

日本和中國都是擁有長遠歷史的國家。日本歷經律令國家、幕藩國家和明治國家的國體變化之後，雖然走到今天的地步，但千秋萬世一脈相承的天皇制度卻還是繼續維持著。另一方面，中國自秦始皇以後就經常因易姓革命而改朝換代，並不是由同一民族來繼續統治中華世界。

　　由中土中原的子民所建立的朝代，屈指算來，充其量只有漢、魏、晉、南朝、宋和明等王朝而已，其他的王朝都是由各式各樣的民族所建立，例如，周朝和秦朝是由西戎、隋朝和唐朝是由土耳其系鮮卑族、元朝由蒙古人、清朝由滿洲人所建立。

　　即便是如此，中國人卻還是不斷的主張說，自黃帝建國以來，只有中國的歷史是連綿不斷的，而為了強調這種連續性，更強辯說，縱然曾經有被外族統治的王朝，但也不算是亡國，這只不過是中華民族之中的各種族的政權移轉、或統治階層的改變而已。

　　再說，蒙古人和滿洲人等異族，也是黃帝二十四個兒子的其中之一繁衍出來的，祖先是相同的，因此，征服中華世界的所有民族，理應視為是中國人。如此這般，中國若無其事的竄改歷史，目的就是為了讓所主張的「正確」歷史擁有正當性。

　　本來，以創造中華文明和自詡是中國人祖先的夏人和漢人，就未曾擁有一個共同語言，即便是有相同的漢字，也沒有共通的漢語，因此，「漢人」和「漢民族」絕不是同一個「民族」，只不過是同一文化集團而已。

　　不過，在十九世紀末到二十世紀初之間，蜂擁而至的民族主義和民主主義的時代潮流，讓中國面臨了如何將中華世界的各民族解釋為是同一民族的課題。

　　所以接著上場的，就是中國的中華民族主義或大漢民族主義。自辛亥革命之後，創建中國就是以這個口號做為軸

心，將所有的民族都量身訂做爲是一個中華民族。

　　要讓西藏人和維吾爾人變成是「中華民族」，是極爲困難的，因爲，不僅語言、宗教、文化和文明都不同，連利害關係也迥異，若是硬要把他們湊合在中華民族之中，就非要使用武力來統一不可了。

　　日本雖然不是單一民族的國家，但絕不會採取像中國這樣的做法。即使是今天，日本還是有愛奴人和琉球人的存在，另外，也有在日朝鮮人等各色人種與外國人的問題，但是，這些都是和中國的民族問題完全不同層次的問題。

　　日本人從神話時代開始，就認爲大家都是神明所生、天照大神的子孫，人是神和血的混合體，死亡之後就會變成神。在這種人生觀下，由於大家本來就都是相同神明的子女，是由神明所生，和希臘文明中的「人是由神明所造」不同，因此，沒有必要再創造另外一種新「日本人」。

　　假設，即便「反日日本人」很多，但畢竟這是「反日」，而不是「反日本人」；另外，即便是日本人討厭日本人，應該也無法否定日本人這件事吧！

　　這是日本和中國很不一樣的地方。中國是如果不創造出「中華民族」，就無法創造國家，因此，才會強制西藏人和維吾爾人也要成爲「一個中國」或「一個中華民族」的一份子。然而，「反中國」和「對抗中國」的西藏人及維吾爾人，卻否定自己是「中華民族」。

◎中國捏造台灣史

　　直到今天，中國政府還是按照自己的需要來解釋所有的歷史，依舊主張「台灣自古以來就是中國絕對不可分割的神聖領土」。不僅如此，連在中國發行的《日華字典》和《中日字典》中的「台灣」注釋欄上，也故意明白表示「台灣是中國絕對不可分割的神聖固有領土」，特別強調的態度讓人感到異乎尋常。

　　中國大肆宣傳這種「主張」之後，即不斷對外公開宣稱，台灣所有的事情都是中國內政的問題，為了統一祖國絕不會放棄對台灣動武，其次數超過一千次以上，而且，更在1996年台灣舉行第一次總統直接選舉時，對台灣進行恐嚇性的飛彈射擊。之後，江澤民主席毫不顧忌的說，不管付出多少經濟代價，也要完成統一祖國的「歷史使命」，要求任何一位政治領導人都不能放棄這個使命。

　　不過，就「台灣自古以來就是中國神聖不可分割的固有領土」這句話而言，中國政府和學者的主張是沒有確實根據的。雖然他們自《尚書》、《史記》、《三國志》和《隋書》等中國最早的古書之中引用了各種史料，但其實書中出現的「夷州」和「琉球」都不是指台灣，因此，這句話只是隨意的「解釋」和推測之詞。

　　中國政府主張對台灣擁有領地權，就像主張擁有「釣魚台群島」一樣，完全沒有任何根據，只充滿著歷史的捏造與

扭曲。那麼，明明知道是扭曲，但「台灣自古以來就是中國的固有領土」的根據到底從何而來呢？先來聽聽看一些說法吧！

首先，經常聽到的說法是，中國自夏朝起就擁有台灣的所有權。夏朝是四千年前誕生的夢幻王國，相當於日本史的繩文時代。中國最早的古書是《尚書》，其中的「禹貢篇」有「島夷奔服」的文字記載，這四字是「島之夷狄競相臣服」於王政的意思，但現代的中國學者卻把這個「島」字咬定是台灣。

因為，他們依據中國的需要，把台灣解釋成在四千年之前也因仰慕中華文明而向中國朝貢。很多中國發行的「台灣史」，雖然都說「根據學者的考證，這個『島』已被公認為是台灣沒錯，且已成為一般的說法」。不過，不管是那一本書籍，也都只列出「根據學者」的說明，並沒有具體指出該位學者的姓名，而且對該位學者所隸屬的國家或研究機構也隻字未提，這完全是一種欠缺可靠性的敘述。

假定，「島夷奔服」就算是史實，那麼，這裡所說的「島」或者「群島」到底是指那一個特定的島呢？相信任何一位學者都無法肯定吧！因此，斷定該島就是台灣是有疑問的。

若印證南海糾紛時的情況，就可以很清楚發現這種推論是沒有根據的。南沙群島的所有權爭論，在中國、菲律賓、越南、台灣、馬來西亞和汶萊等國家的爭奪下，於1990年代達到顛峰，當時，中國學者也不斷的主張「島夷奔服」的

「島」就是「南沙群島」。當時的中國學者全體總動員，一面沒完沒了的引用古典書籍，一面強辯南沙群島自古以來就是中國不可分割的一部分。不僅如此，甚至裝運假碑文的漁船也曾經被菲律賓的海軍緝獲過。

原先一口咬定是台灣的這個「島」，之後又按照自己的需要，不知不覺變成了南沙群島，胡言亂語的狀況表露無遺，而由這件事，也可以知道這種主張是如何的虛假。何況，南沙群島是一個無人島，應該不會有「島夷」存在。再說，即使中國子民的活動範圍，在夏朝時未受到限制，但到了商殷和周朝時卻已被侷限於中原之地的黃河流域，難以跨越揚子江一步，因為該地有楚、越等國，這些國家當時都叫做南蠻或越蠻。

在那樣的時代中，是不可能和數千公里外的南海島夷進行交流的。

其次，《尚書》自漢朝開始就有「今文尚書」和「古文尚書」的作假與捏造的爭議，所以，那些相信這種可疑書籍、並以它做為台灣所有權論根據的人，應該都是中國的愚民和日本的學者，完全可當作一個笑柄來看。

再者，進入90年代之後，中國就從《三國志》和《隋書》之中擷取自己需要的東西，並公開宣佈說，自「三國時代」和「隋朝」開始，就有兩萬的軍隊隨時駐紮在台灣以防衛祖國。即便是以一般的常識來想，也知道在紀元三世紀到七世紀的吳朝和隋朝，是不可能以當時貧乏的中國航海術橫渡黑潮洶湧的黑水溝（台灣海峽）；而且，前去時有一萬士

194

兵、回來時有數千島民一同搭乘的說法，在當時是不可能的，航海規模不會這麼大；更何況，自吳朝以後，中華王國已數度被北方的鐵騎民族所滅亡，在當時的人力和物力上，是不可能還會有餘裕派遣兩萬的軍隊去台灣，而其目的只是為了防衛祖國。

光是這些「斷章取義」或胡亂抓取歷史的說法，其實就已經相當醜陋了。

在《隋書》的「東夷列傳」之中，有這樣的記載：「以軍船攜回男女數千人」，接著又說「自爾遂斷」，意思是說「攜回之後就斷絕往來了」，換言之，兩萬的祖國防衛軍並沒有駐紮在那裡。

1993年8月，在中國政府公布的一萬兩千字《台灣白皮書》之中，也有這樣的捏造：「台灣自兩千年前三國時代的吳朝開始，就已經是中國的一部分。」中國將這本白皮書翻譯成英、法、德、日、俄、西班牙和阿拉伯等語言，以便向全世界散佈。然後，對那些懷疑這本白皮書內容的國家，中國會貼上「非友好」或「反中國」的標籤，並利用大眾媒體不斷的加以攻擊。因為有這樣的原因，所以日本的學者、記者和政治家幾乎無一例外，不得不和中國所主張的「正確歷史認識」採取同一步調。

在這裡，筆者想要針對中國提到的兩件海外遠征事件進行論證。其一，是記錄於《三國志》的「吳志・孫權傳」之中的事件，亦即魏溫將軍和諸葛直派出「甲士萬人」到夷洲和亶洲，並於征服夷洲之後帶回當地居民數千人的事件；另

一件，是在《隋書》的「東夷列傳」之中，記載隋煬帝派遣陳稜攻打琉球，並「以軍船攜回男女數千人」的事件。

中國政府出版的《台灣白皮書》，就是主張台灣正是這裡出現的夷洲，甚至輕率的主張琉球就是台灣。說「島」是台灣、夷洲是台灣、琉球也是台灣，總覺得這種論調實在是既滑稽又匪夷所思。

但不能忽略的是，如果說中國征服夷洲和琉球是史實，而且強行帶走數千位當地人也是真的話，那麼，這種作為不就是對自己「侵略」行為的「自白」嗎？

如果中國把「進出」或「侵略」夷洲、琉球當作是「絕對不可分割的固有領土」的「根據」是可以成立的話，那麼，這種邏輯也照樣可以適用於日本吧！因為，日本也可以用曾經進出「滿洲」和「中國大陸」做為根據，來主張滿洲和中國都是「日本絕對不可分割的固有領土」，而且，日本也可以反向利用「強行帶走朝鮮人」這個責難聲音，主張「朝鮮半島也是日本絕對不可分割的固有領土」。

的確，在中國的古典書籍之中，可以看到漂浮在海外的各島嶼名稱，除了夷洲、亶洲和琉球外，也有岱員和彫題國等等，中國學者把這些島嶼一口咬定都是台灣，並牽強附會的說是祖國的領土。

在日本出版的書籍當中，雖然沒有像《台灣白皮書》那樣離譜，但也有很多有關台灣的錯誤「歷史認識」的敘述。例如，比荷蘭時代更早之前，鄭成功的父親鄭芝龍經福建巡撫批准後，就從大陸集結了數萬飢民來到台灣進行開發，記

載上說當時發給每一位飢民一頭牛和三兩黃金。

這種敘述後來在台灣變成了「三金一牛說」，但台灣文獻協會卻明白的指出，自70年代之後這種故事只不過是沒有根據的傳說而已。本來，在有飢民的時代之中，怎麼有可能蒐集到那麼多的牛和黃金呢？而且，就當時的技術來講，也無法以萬人為單位來坐船移民和讓他們渡海定居。

究竟是什麼企圖，要把這種傳聞寫成是「歷史」呢？是作者的無知？或是日常化的「騙騙日本人」的一般性手法呢？到底是那一種？

◎「台灣自古不屬中國」的歷史證據

如前所述，在中國的古典書籍之中，的確有「夷洲」和「琉球」的島嶼名稱出現，不過，記載這些島嶼是「自古以來就是中國的領土」，卻一直到清朝之前都沒有在各種史書上見過。因此，即使假設「夷洲」和「琉球」是指台灣而言，也絕不是自古代起就是中國不可分割的領土。

另一方面，在可以看到「台灣」的古典書籍中，幾乎都明白的記載著「自古不屬中國」的字樣。例如，清朝魏源所寫的《聖武記》就清清楚楚的寫著「台灣自古不屬中國」，在《康熙勘定台灣記》之中則有「台灣現在還不是中國的版圖」，藍鼎元的《平台記略》也有「台灣在宋元之前並無人知」，在施琅的《靖海記事》之中還記載著「台灣一地，原屬化外，土蕃雜處，未入版圖也」。這些都是台灣自古以來

就和中國完全無關、也無任何往來的記錄。

另外，在《雍正實錄》（1722）之中，則有以下的敘述：「台灣自古不屬中國，我皇考（康熙帝）神武遠屆，拓入版圖。」在《大清統一志》（乾隆版）之中，也說：「台灣自古荒服之地，不通中國，名曰東蕃，明朝天啓年間（1621～1627），爲紅毛荷蘭人所據。」清代的著名史學家趙翼也說「台灣自古不屬中國」。有這種記載的書籍，實在無法一一列舉，因此，試將一些可供參考的主要書籍羅列如下：東寧王鄭經的《閩海紀要》（1633）、明朝遺臣黃宗羲的《賜姓始末》與《鄭成功傳》、金鋐的《康熙福建通志台灣府》、高拱乾的《台灣府志》、楊廷耀的《台灣府志》、連橫的《台灣通史》、郁永河的《裨海遊記》、周元文的《重修台灣府志》、周鐘瑄的《諸羅縣志》、雍正帝的《東華錄選輯》、黃叔璥的《台海使槎錄》、沈起元的《台灣理蕃古文書》、明朝遺臣沈光文的《重修台灣府志》、清朝康熙帝的《清聖祖實錄選輯》、清朝將軍賴塔的《清史講義選錄》。

對有「台灣自古不屬中國」記載的中國古典書籍，首先提出必須進行考證工作的人，是台灣語言學家王育德教授，自此之後，很多新銳的學者開始針對這個課題展開學術性的研究。

其中較引人注目的，是統計學家沈建德博士的研究成果。沈博士在他的著作《台灣常識》之中，除了參考中國的古典書籍和古代地圖外，也引用了孫文、毛澤東、蔣介石和

周恩來等中國國家領導人的發言記錄，來找出中國人的歷史捏造，並糾正已被扭曲的「歷史認識」。為了糾正從中國國家領導人江澤民主席到外交部、以至於中國全體政府正在推動的歷史捏造，沈博士還正式向中國政府提出質詢書，中國政府當然無法反駁它，唯一能做的，只有在歷史教科書上記載「台灣是中國絕對不可分割的神聖固有領土的一部分」，以加強集團教化。

◎中國正史有「台灣屬於日本」的記載

不管怎樣反覆挖掘幾千年或幾百年之前的史料，今天也還是會有無法確定的東西存在，正因為如此，所以大部分的歷史學家都會不斷的進行慎重的考證與研究。在中國的古典書籍上，即便是有可被指認是台灣的相關記載，但意義上也並不表示那就是「中國的固有領土的一部分」。

即使從十三世紀到最近的史料來看，也只有「台灣自古不屬中國」的記載。中國官定史書「二十五史」之一的《明史》，係十八世紀乾隆皇帝時代所完成的正史，其中的「土司列傳」已將緬甸、寮國和雲南並列在一起，也就是說，已將它們當作是「絕對不可分割的一部分」；但是，關於「雞籠國」（台灣），卻不僅在「外國傳」之中和日本、呂宋並列在一起，還有「屬於日本」的文字敘述。

不只是《明史》，連洪亮吉的《乾隆府廳州縣圖志‧台灣府》也有台灣是「屬於日本」的記載；此外，在吳振臣的

《台灣輿地彙鈔》和藍鼎元的《治台必告錄》之中，則說台灣是不屬於任何國家的倭寇巢穴；而十九世紀末的清光緒初年，吳子光所寫的《台灣記事》則有台灣屬於「毘舍耶國」（菲律賓）的記載。

「屬於菲律賓」的確是非常荒唐無稽的記載，但即便是如此，那為什麼到十九世紀時，最高權威的歷史書「正史」還會發生錯誤的記載呢？難道這是中國的知識份子和政治家對台灣的歸屬問題非常無知和不關心嗎？

考慮這一點時，有必要再從中國人的傳統世界觀、歷史觀和領土觀談起。基本上，中國是大陸型國家，而中華帝國是傳統農耕帝國，自漢唐時代起就一直實施鎖國政策，嚴格採取「陸禁」和「海禁」的措施，三藏法師到天竺取經和鑑眞和尙渡海到日本的故事，就是當時實施嚴格陸禁和海禁的最佳詮釋。

中國人自古以來就隱約知道，在中國大陸的東方海上有倭寇國、東鯤和夷洲等島嶼的存在，但這時候，就大陸的角度來看，這些地方都是化外之地，只不過是異域而已。

在宋眞宗時代製作的地圖《華夷圖》（1137）之中，雖然繪製有海南島，但卻沒有台灣的存在，中國人第一次看到台灣的地圖，是在葡萄牙人所繪製的航海圖之中。

明朝時代，由於倭寇在暗中非常活躍，因此，雖有「北虜南倭」的傳言，但只知道倭寇來自於東方的浮島。倭寇的活動範圍非常廣闊，北自日本列島，南抵呂宋，因此，在中國人的想法中，台灣也是倭寇的巢穴之一。

　　之後，認為討伐倭寇若不直搗巢穴就無法除根的中國，於1603年派遣沈有容率領一批部隊，自台南登陸並攻擊倭寇的巢穴，該部隊的陳第說：「台灣雖然不屬於中國的版圖，但因為倭寇盤踞並襲擊福建，所以才出兵攻打。」

　　陳學伊說：「縱使沈將軍沒有功績可言，但至少我們泉州人也知道有所謂東蕃（台灣）的存在了。」而於清乾隆時代初期擔任福建巡撫的陳大受則說：「即使到明朝時代，台灣也只不過是日本和荷蘭的停泊互惠之地而已。」

　　1602年和1623年荷蘭人佔據澎湖群島，並和明朝展開爭奪戰，其結果是，明朝願讓荷蘭人佔領台灣以取代澎湖群島，在當時的交換協定之中，荷蘭人被准許和明朝進行沿岸貿易，而明朝被准許和台灣與爪哇進行交易。

　　不久，當時代轉移到清朝的1661年時，高舉「反清復明」招牌的倭寇頭目鄭成功和他的兒子鄭經，陸續佔領台灣，建立東寧王國。雖然如此，但對鄭氏家族這種倭寇來講，只能算是「彈丸之地」的台灣，依然是「海外」與「化外」之地，不值得重視。

　　其實，鄭成功利用荷蘭艦隊遠征澳門，趁虛進入台灣當時，身旁的親信大都反對攻佔台灣，主要是因為台灣這個邊陲之島不是明朝的國土，而是「不服之地」。也就是說，即使攻下這個島嶼，也和鄭成功一派所揭櫫的「反清復明」的大旗毫無關連，甚至還會被認為是逃亡海外、違反大義名分的行為。

　　鄭成功原本計劃繼父親鄭芝龍之後向清朝投降稱臣，但

沒想到北京朝廷卻不答應他所提出的「援朝鮮人之例免蓄辮子」的臣服條件，因此，鄭成功遂決定攻佔台灣來當作最後的抵抗。

鄭成功雖然順利攻下台灣，但鄭氏家族到了清康熙時代時就被消滅殆盡，而且，包括鄭氏家族在內的所有留在台灣的漢人遺民，也都被強制送回中國，之後更有將近兩百年的時間禁止移民到台灣。

清朝的狀況也是一樣，完全不把台灣放在眼裡，康熙皇帝雖然征服了台灣的鄭氏王朝，但之後也拒絕將台灣列為中國的版圖，一直到十七世紀的1680年，康熙才在施琅的建言下，將台灣正式編入清朝的版圖。

不過，即使納入版圖，「化外之地」的意識也沒有改變，還是像滿洲、蒙古、回部和西藏的禁止移民一樣，斷斷續續的在近兩百年間採取嚴格的「陸禁」與「海禁」措施，嚴禁漢人移民到台灣來，海禁被正式解除的時間，是在1875年之後的事，也就是日清馬關條約的二十年前。

◎滑稽的「台灣人和中國人的同祖同源說」

像這樣，中國政府動員了所有的歷史學家，想要論證出「台灣自古以來就是中國不可分割的神聖固有領土」，然而出來的卻頂多只不過是夷洲和琉球的記載而已。

自古以來，在中國大陸的東方海面上，的確有屬於今

天的阿留申群島、菲律賓和印尼的諸多島嶼的存在，但若就
因此咬定「夷洲就是台灣」和「琉球就是台灣」，那可就毫
無道理了，頂多只能「推測是台灣」罷了，更無法搆得上是
「中國絕對不可分割的固有領土」。如果說出現在中國古書
上的東西就全部屬於中國的話，那麼，出現在三國時代「魏
志倭人傳」的日本也是中國的領土了。中國古書的可信度本
來就不高，有很多疑問存在，這一點是不能忘記的。

　　無法針對這種矛盾提出反駁的中國學者，接下來所提出
的論述，卻是中國人和台灣人的地理性、地緣性、種族性和
文化性的同祖同宗說。不過，這些東西的可信度和根據也都
是胡說八道憑空捏造。

　　他們最常引用的是，台灣的地形、地質和植生都和中國
大陸類似。不過，即使這些東西和中國完全一樣，理應也無
法成為台灣自有史以來就是中國固有領土的一部分的根據。

　　從東北的朝鮮、蒙古、新疆向西迴旋，然後到達東南的
越南為止，國境和中國鄰接的國家有十三個之多，這些國家
的地形、地質和植生也都和中國類似，類似程度甚至比台灣
還高，其實，豈止是類似，簡直是共有。假使，中國這般說
法是行得通的話，那麼，西伯利亞、緬甸和泰國等區域也都
是中國固有領土的一部分了。

　　其次，每次從台灣的古代遺跡中挖出古錢、土器、陶
器和原人的骨骼時，中國的考古學家就會厚著臉皮跳出來，
煞有其事的強調台灣和中國自古以來就有這種文化上的共通
性與一體性，興高采烈的說這又是台灣是中國領土的一個證

據。扭曲歷史竟然到這種程度！其實，日本曾經在中世時期進口宋朝古錢，波斯和阿拉伯的商人也曾經在唐朝經由陸上和海上的絲路來和支那進行貿易，因此，海難船隻所留下來的古錢和陶片到處散佈在東南亞的島嶼四周，即使從台灣挖出這種東西一點也不意外。

更滑稽的是，中國還根據原人的骨頭來提出祖先共同說。

當台灣海峽進行捕魚作業的漁網撈到古人的化石時，中國的考古學家馬上就說是「海峽人」，咬定就是台灣海峽兩邊在冰河陸橋時代的共同祖先，大肆宣傳台灣人和中國人是同祖同宗，儼然像是大功一件般的到處傳播。

在冰河時代，不只台灣和大陸是相連接的陸地，連日本、南洋群島和菲律賓群島以外的亞洲國家也都是連接在一起的，翻開地球史來看就可以一目暸然。不過，兩千年前秦朝之前的中國，揚子江以南都被當做百越的南蠻來看待，也就是說，揚子江以南不被承認是中國或中原之人，因為所謂「越」就是跨越國家的意思。冰河期時代的後期，大陸覆蓋著一層厚冰，因此，有人認為亞洲各民族是先來到台灣之後，再從台灣外流出去的。

明明是這樣，但中國共產黨卻為了「正確的歷史認識」，而在之後任意的捏造歷史。最明顯的例子是，他們所發現的猿人或原人的化石根本就不是中國人。

至於說蒙古人和滿洲人也是黃帝二十四個兒子之一的後代，畢竟也都只是神話故事而已，然而，中國卻以這種胡說

八道的故事做爲根據，毫無羞恥心的展開三段論法，公開說亞洲各民族全部都是黃帝的子孫→也就是中國人的子孫→然後全部都是「中國絕對不可分割的固有領土」。接著，又再往前追溯說，成吉思汗和努爾哈赤也是中國人的英雄。

其實，成吉思汗和努爾哈赤都是和中國人完全無關的人物，也沒有踏上中國這塊土地。眞正和中國扯上關係的，是在成吉思汗的孫子忽必烈於半世紀之後消滅金朝征服中國那時才開始的，而努爾哈赤的孫子順治皇帝也是在跨越萬里長城征服中國之後才和中國沾上邊。

但是，現代的中國人爲了讓快速製造出來的「中華民族」意識刻劃在人民腦中，遂硬將過去被視爲是「胡虜」的成吉思汗和努爾哈赤塑造成中華民族的英雄，讓他們成爲中國人的共同祖先，接著，就跟過去一樣，把成吉思汗家族所征服的土地，當作中國的固有領土、或被帝國主義列強掠奪的固有領土。

中國這種「正確的歷史認識」幾乎都是笑話，然而，這些東西卻都被記載在蔣介石的《蘇俄在中國》和毛澤東的《中國地理小史》之中，並實際當作學生的輔助教材來使用。學校之所以教導這種捏造的歷史，無非就是要當作史實來刻劃在孩子們的腦海中。對中國這種霸權主義和擴張主義，不但不能一笑置之，反而要以非常嚴重的問題來看待才是。

如此這般，現代的中國政府蠻橫的將歷史上征服中國的所有異族都塑造成中國的民族英雄，然後再說成是中華民

族的祖先，因此，在學校裡教導的是，朝鮮人、日本人和越南人全部都是中國人箕子、徐福和趙陀的子孫，這樣一來，中國就可以創造出壯大的「中華民族」，擴大固有領土。但是，這種自私自利的「歷史認識」，當然只能適用於中國國內。

美國人、澳洲人和紐西蘭人的祖先雖然都是英國人，但這些國家卻不可能是英國絕對不可分割的一部分；中南美洲的國家，都是由西班牙人和葡萄牙人的後裔所成立的，但沒有人會認為，不和祖國西班牙統一就會帶來不幸，西班牙政府也不會大言不慚的提到「絕對不放棄武力」、「民族的大義」和「歷史的使命」，當然也不會說「即使流盡最後一滴血也要統一祖國」。

從這些事情看來，也很清楚的瞭解到所謂台灣人和中國人的同祖同宗、以及台灣人違背中國人的意志（背祖），其實是中國人對歷史認識的不夠充分，除了是自我陶醉之外什麼都不是。難道，中國人擁有任意解釋台灣人祖先的「解釋權」嗎？

◎科學已證明「台灣人和中國人是不同的人種」

江澤民主席表示，在台灣人當中，原住民只佔2%，剩下的全部是中國人。聽起來，好像是說因為台灣居民有98%是中國人，所以和中國統一是理所當然的事，不，聽起來似

乎只差沒有把非要統一不可講出口。

　　姑且不論非要「統一」或不統一，身為國家的領導人，如果對台灣的認識就只有這般程度的話，那就不得不說未免過於簡慢了。其實，台灣人的人種結構最近已有相當深入的研究，以下介紹其中三項研究成果。

　　第一項成果，是歷史統計學家沈建德博士的精密統計。沈博士以下列的方法來計算荷蘭佔領時期之後的台灣人口，首先，假設平均人口自然增加率在0.7%之下時每一甲耕地可養活三‧三人，其次，再以這個數字做為基礎，來驗證登錄於台灣古籍上的人口、稅收、政令變化、新田地開發狀況和原住民「賜姓」等資料，而經過微調修正之後，算出了台灣各種族的人口結構。其結果是，在1995年的台灣總人口數兩千一百萬人當中，山地民族和平埔族的原住民總共有一千六百四十五萬人，佔77.4%，閩南人和原住民的混血人數有三百五十八萬人，佔16.8%，兩者合計達到94.2%，外省人也就是所謂的中國人只有一百二十四萬人，只佔5.8%。

　　在清朝時代，對不同文化的原住民採取了懷柔政策，「賜姓」就是其中之一。這種頒賜漢姓的政策，乃是一面維持華夷的觀念、一面引進異民族的方法，其意義具有「你們雖然野蠻，但我們將用和我們同樣是文明人的方式來對待你們」。

　　再說，依據漢族的傳統，只要具有漢姓就可以繕寫記錄宗族歷史的「族譜」，但異民族卻從來沒有這種傳統，而且

也不會去關心它，因此，族譜的繕寫就成為地方戶政機構的
工作。當然，在這種情況下製作出來的族譜，已經沒有可信
度可言，雖然說手上有族譜，但也不能說就是漢族，而且，
也不能按照族譜去尋找祖先的根。

以《台灣文化誌》大作而聞名的伊能嘉矩，於1896年進
行「蕃社」調查時，據說就曾聽到村落裡的長老驕傲的說自
己的祖先來自中國大陸或日本，這種情況是長久以來被外來
政權掌控的民眾的心態。

另外，從血統來驗證台灣人的研究工作，最近還在持續
進行之中，在這裡，想要介紹的另兩項成果就是有關血統上
的東西。

其一是，根據經常被媒體所引用的「台灣和西太平洋島
嶼南島諸族的健康問題」的高雄醫學院神經內科的研究論文
顯示，有88%的台灣居民擁有和中國人不同的南方系人種的
血統，該論文同時指出，台灣人的「組織抗原體」（HLA）
或粒線體（Mitochondria）等抗原體，係中國人和台灣原住民
之間的中間種。

另一是，發表在國際醫學季刊上的「組織抗原體
（HLA）」、和第十一屆國際HLA論壇上的台灣各少數民族
的HLA分析與比較，這些研究論文是由馬偕醫院輸血醫學
研究室的林媽利醫生等人、日本紅十字會和東京大學等研
究機構所共同研究出來的成果。從這些研究成果之中可以瞭
解到，台灣的閩南系和客家系是完全和中原的漢人不同的種
族，從遺傳基因來看，台灣人（閩南系和客家系）和泰國、越

南、布依族同系，血統上則屬於越族；另一方面，中國南方的漢人和苗族同系，中國北方的漢人則接近日本人和韓國人。（《自由時報》，2001年4月29日）

　　居住在台灣的中國人（外省人），由於擔心台灣獨立之後，孔子、孟子和媽祖就會變成外國人，因此，才批評獨立派人士是「分離主義者」、「背祖」。不過，亞里斯多德雖然是希臘人，但英國人和法國人都不覺得他是外國人，所以，即使孔子和孟子是韓國人或日本人，應該也會被當作偉大的聖賢而受到尊敬，他們並不是因為是中國人才受到尊敬，耶穌基督和佛陀也不是因為國籍而受到崇拜，至於媽祖雖然類似於日本七福神的弁財天海神，但難道也會追問保護海上安全的神明的國籍嗎？如果是這樣，那就未免太愚蠢，更是對神明的褻瀆。

◎自稱「中國人」就是一種區別意識

　　日本國內似乎都認為台灣人的祖先就是中國人，其實，這是天大的誤解，在這個誤解的深處，存在著日本人和中國人對「那一國人」的不同認知。

　　日本人所認知的「那一國人」，是含有自明治維新以來所培養出來的近代化概念，也就是說，具有國民國家的概念。基本上，國民國家是由擁有「國民意識」的「國民」所構成，因此，國家應教育國民、揭示國旗、保護本國的文化，並執行行政和外交的工作。

但是，當中國人說「我是中國人」時，這時的「中國人」絕不是以國民意識做為基礎的。因為，自古以來早已世俗化的中國人（或漢民族），可做為國民意識基礎的民族意識是非常薄弱的，中國人在傳統之下形成、且目前還擁有的種族意識，無非就是「華夷」（文明人和野蠻人）的觀念。不管稱呼上是「漢民族」或「漢族」，都是為了區別華夷之夷的非漢民族，所特別冠上的名稱。因此，幾乎所有的中國人，當說出自己是「中國人」時，都有「我是文明人」的潛意識存在。

再說，「中國人」這句話，也是在政治考量下所創造出來的。當日本明治維新成功之際，正是清朝將要遭遇亡國的時候，東京出現很多以革命為目標的組織，其中以孫文等人的革命派佔優勢，並和擁護清朝的康有為等人的保皇派互相對抗。

保皇派的主張是包括滿洲族（清朝）在內的「大中華民族主義」，相對的，孫文、黃興和章炳麟等革命派的主張，則是將滿洲族排除在外的「大漢族主義」。可是，當最後清朝倒下、孫文就任臨時大總統時，孫文的周遭卻都是「中華民族論」的擁護者。因此，孫文開始重新思考大漢族主義是否會對繼承這片廣大的清朝領土帶來損傷的問題。結果，最後登場的是將滿洲、蒙古、西藏和回族全部包括在內的「五族共和」主義。

「大漢族主義」中的「漢族」被拿走了，取而代之的是「中華」，重新掛上了「大中華民族主義」的看板，然後也

扣住了「中國人」這種表現方式，也就是說，「中國人」就
是根據「大中華民族」的想法所創造出來的概念。

　　如果講得比較極端一點，那麼，「中國人」就是蘊含
華夷意識的民族同化政策下的民族意識。同樣的，中國所謂
「台灣人是中國人」的主張，也是含有高度政治性企圖的表
現。

◎迎合中國政府捏造歷史的日本人

　　中國捏造歷史的偏執態度，實在是讓人看不過去，何
況，其中更滑稽且無法讓人理解的是，有很多日本政治家和
新聞記者卻還在隨這種無視於現實的「主張」起舞。現在的
社民黨黨魁土井高子，於1987年擔任社會黨委員長前往北京
訪問時，就承諾在回國之後發起支持中國統一的國民運動；
另外，民主黨代表菅直人也在拜訪北京時，表明對「統一」
的支持；再者，在小泉政府當中，也有外務大臣田中眞紀子
因擅自對外發言，承認中國的統一，而造成政權內政外交上
的大問題，相信大家都還記憶猶新。

　　本來，日本的政治家和政府官僚，在態度上對中國的高
壓外交就相當軟弱，因此，那樣的阿諛奉承和附和，應該不
是因為無知吧！

　　中華人民共和國政府自1971年加入聯合國以來，在和各
國政府建交時，就不斷重覆著「中華人民共和國是中國唯
一的合法政府」的主張，很多國家也承認這一點，同時，這

些國家也很能夠理解中國徹底反對「兩個中國」或「一中一台」的主張。

　　不過，在聯合國之中，在中華人民共和國還沒有加入之前，「中華民國」或做為政治實體的「台灣」就已經加入了，之後，台灣雖然因為蔣介石而不得不從聯合國退出，但基於這個事實，也有不少國家對中國單方面主張「台灣是中國的固有領土的一部分」是不太苟同的。例如，1970年之前，有四十六個國家在和中國建交的公報之中，對有關「台灣的歸屬」問題就幾乎避而不談；另外，1970年以後和中國建交的加拿大，針對中國政府提出的「台灣是中華人民共和國領土不可分割的一部分」的「主張」，只用「Take Note」（留意）來表示，義大利、比利時、阿根廷、希臘和巴西等國家，也採取和加拿大一樣的態度；另外，對中國政府的「主張」，美國只不過是以「Acknowledge」（知悉）來處理，澳洲、紐西蘭、西班牙、馬來西亞和泰國也是這樣。

　　其實，積極支持「統一」的人，只有像土井高子和菅直人這種日本政治家而已，日本政府本身是採取慎重態度的，在正式的場合上，對中國政府的主張是以「充份瞭解和尊重」來表達，而不是承認「台灣是中國的一部分」。眾所周知，為了達到「統一」的目的，中國對台灣一直採用絕對不會放棄使用武力的方式來恫嚇，然而，支持中國這種做法的土井高子和菅直人，卻經常把「和平」、「民主」和「人權」掛在嘴上，看到他們這種矛盾的言行，不得不想到所謂的「和平」對他們來講，只不過是掛羊頭賣狗肉的東西而

已。

　由於政治家的這種態度，因此，對南京大屠殺和慰安婦等事件，也不先做是否存在該事實的調查就直接承認了事，到最後就只好道歉和接受賠償金的請求。本來應該維護國家利益的國會議員，爲什麼在損害國家利益的情況下還能夠保持心平氣和呢？

　在日本的政治家之中，正式要求中國放棄武力的人，只有前民主黨代表鳩山由紀夫一個人。

　關於台灣的歸屬問題，早已在兩個條約中被決定了。在1951年簽署的舊金山和平條約和在1952年簽署的日華和平條約之中，日本政府只明白寫下「台灣、澎湖島和新南群島」的「放棄」，對「割讓」或「歸還」給那一個國家都隻字未提，換言之，台灣沒有「歸還」給任何一個國家，也沒有「割讓」出去。即使對照國際法，領土的歸屬既不是由「條約」來決定，也不是受「條約」之前的「聲明」或「宣言」來約束。

　1971年4月28日，美國國防部宣佈「『開羅宣言』和『波茨坦宣言』到今天還未開始實施」、「台灣的法律地位未定」。對台灣的國際性地位，在彭明敏和黃昭堂兩位教授的《台灣在國際法上的地位》（東京大學出版）、以及戴天昭的《台灣國際政治史研究》（法政大學出版）與《台灣戰後國際政治史》（行人社）之中，都有詳細的說明。

　日本「放棄」台灣領土之後，不管是在國會內部、或是在外交場合上，似乎都是按照日本政府過去的慣例，只表示

說「沒有談論該問題的立場」。但頗為離譜的是，研究中國的日本學者對中國的主張卻還照樣囫圇吞棗，像2001年的大學入學考試，其中的世界史考題就有一個捏造歷史的例子存在，當時，針對有關開羅會議的選擇題，「標準」答案居然是：「決定將台灣歸還給中國的是開羅會議」，但史實完全不是這樣。

1943年11月22日～27日於埃及召開的中美英三國首腦會議，依照預定計劃，原本是要提出「開羅宣言」，但由於在國家利益上出現不同的意見，尤其是中英兩國對台灣的處置和日軍佔領下的香港歸還問題是否應明白表示產生了對立，因此，英國的邱吉爾首相拒絕在宣言上簽字。結果，既沒有提出「宣言」，也沒有「聲明」，只各自以「公報」（Communique）的形式發表於各國的新聞中。但戰後，日本的所謂進步文化人卻扭曲了史實，說中美英三國已經在開羅會議上簽署共同宣言，甚至當作《六法全書》（有斐閣版）的資料收錄下來，此等事情名符其實是在跟著中國捏造歷史。

的確，過去的領土歸屬問題，大致上都是只按照幾位「帝國主義列強」的首腦的意見來「決定」，這是不爭的事實。不過，進入二十世紀之後，人民的「自決」變成了主流，而不是由列強來「決定」。而且，依照國際法的規定，已不是用單方面的「宣言」來決定領土的歸屬，而是由「條約」來決定。

但是，中華人民共和國政府和中華民國政府，卻似乎還沉醉在已經破滅的夢幻「宣言」之中，還在歷史教科書上

把它當作「條約」來教導，而日本學者爲了迎合中國，也毫不懷疑的接受，並列入歷史教科書之中。這是明顯的歷史扭曲。

◎戰後越來越嚴重的歷史扭曲

如此這般，當試著確認史實時，就可以清楚的知道，日本共產黨一向主張的「台灣是日本從中國所掠奪的領土，因此有歸還給中國的義務」的台灣政策，其內容是多麼的不堪入耳。

首先，就史實來看，日本並沒有「掠奪」台灣。台灣是依據國際條約（馬關條約）自清朝永久割讓出來的，而且，現在的台灣是一個由兩千三百萬人民透過直接選舉來選擇總統和政府的民主國家。當聽到日本共產黨這種無視於台灣人民的主張時，應該都會懷疑這是不是把台灣當做無人島的釣魚台來看呢？

中華民國成立後的1913年3月11日，公布了中華民國臨時條款，在第三條的「中華民國領土」的規定之中，「台灣」是被排除在外的，爲什麼呢？因爲，當時的台灣是日本的領土。

1913年的「天壇憲法草案」、1914年5月1日的「袁世凱約法第三條」和1925年的「中華民國憲法草案」，這些條文也都沒有把台灣包含在中國的領土之中。1936年的「五權憲法草案」第四條，不僅未將台灣包括在內，還明白的記載著

「中華民國的領土是固有疆域，非經國民大會的決議不得變更」。依照中華民國的憲法，已可以證明台灣不屬於中華民國的領土，而中華民國軍隊佔領台灣，就和美國軍隊佔領日本一樣，只不過是在執行麥克阿瑟第一號命令而已。

如果中華民國佔領台灣是沒有國際法的法源根據的話，那麼，即使中華人民共和國是中華民國的後繼國家，也沒有佔領台灣的法律地位，更何況，中華民國目前還存在於台灣，因此，是否能繼承中華民國所簽署的條約就非常明白了，不是嗎？

所謂中華人民共和國係指以武力奪取中華民國政權的革命政權而言，假如國際上的大部分國家可以把這種革命政權當作中華民國的後繼國家來接受的話，那麼，光就這一點而言，對台灣行使武力的侵略行為就不是正當的權利。

在中國大陸內部，中華民國政府雖然被推翻打倒，但有目共睹的事實是，中華民國政府現在還是以新政府的姿態繼續存在於台灣，換言之，中華民國政府因為總店被掌櫃奪走，所以只好再到別的地方重新開張，而奪走總店的掌櫃卻還是對只擁有總店感到不滿足，還想用「絕對不可分割的分店」的主張，來對逃到別的地方以舊招牌重新裝潢開幕的中華民國進行追討。這種事情到底有沒有道理呢？

另外，中華人民共和國雖然不是大清帝國的後繼國家，但如果可以用清朝曾經擁有台灣做為根據而主張歸屬權的話，那麼，曾經統治台灣的荷蘭、西班牙和日本，也可以用同樣的理由來主張權利。

　　中國政府主張擁有台灣的管轄權，是從第二次世界大戰之後開始的。二十世紀的中國國家領導人，包括孫文、蔣介石、毛澤東和周恩來等人在內，都曾經公開表示支援台灣獨立，有關這段歷史，有必要正確的認識，不應加以隱瞞。

　　1938年4月1日，蔣介石在中國國民黨臨時全國代表大會的演說中表示：「總理（孫文）的意思，以爲我們必須使高（麗）、台（灣）的同胞能夠恢復獨立自由，才能夠鞏固中華民國的國防，奠定東亞和平的基礎。」

　　1938年，毛澤東也同樣在中共中央政治局擴大會議中呼籲：「中、日兩大民族的人民大眾及朝鮮、台灣等被壓迫民族應共同努力，建立共同的反侵略統一戰線……中國人和台灣人應該以平等的國際友誼來合作。」

　　1941年6月，周恩來在〈民族至上與國家至上〉一文中，寫著「支持朝鮮台灣的反日運動和民族國家的獨立解放運動」。

　　這些事實已被中國共產黨暗中篡改，即使是著名的史諾（Edgar Snow）的《中國的紅星》（即《紅星照耀中國》）也一樣遭到篡改。《中國的紅星》（*Red Star Over China*）這本書是美國記者史諾訪問毛澤東的綜合性報導，於1937年10月在倫敦、隔年1月在紐約出版，同一年被翻譯成中文的《西行漫記》，由上海光華書店出版，自出版之後就受到全球的注目，日本也有很多人知道。

　　本來，在英文版初版的第八十八頁和在中文版的第八十二頁之中，有毛澤東支援朝鮮人和台灣人的獨立鬥爭的

發言，但自1979年起，在中國共產黨中央的指示下，有關毛
澤東對「台灣」這部分的談話，被篡改成「中國收回東北和
台灣，幫助朝鮮的獨立」，毛澤東支援「台灣獨立」的發言
被中國以「收回台灣」這些字悄悄換掉了。

　　中國為了讓台灣是它不可分割的領土這件事成為事實，
已經採取了各種不同的手段，包括扭曲歷史、篡改、捏造和
恫嚇等等，唯一還沒有做的，只剩下以武力侵犯台灣。

台灣管轄權的
歷史眞相

◎台灣過去真的是倭寇的巢穴嗎？

前一章已經敘述過，中國所主張的「台灣自古以來就是中國的領土」，完全是子虛烏有的事。不過，台灣的真正歷史是什麼呢？台灣人到底是從什麼地方來的呢？

其實，台灣沒有留下很長的歷史記錄，不像日本那樣，台灣的歷史記錄目前可以確認的頂多只有最近四百年間而已，但在日本，「記紀」就比台灣歷史誕生的年代還早，因此，日本可以知道過去遙遠的歷史。台灣人到底是從什麼地方來的？對這個問題，似乎沒有留下任何可以追查線索的史書。

在琉球群島，也有琉球王國的歷史，這是根據史書所流傳下來的，然而，北海道雖然同樣屬於日本，但卻幾乎沒有這種古代留下來的記錄。談到台灣和北海道這兩個距離日本本島並不太遠的地區，登上歷史舞台的時間大約是大航海時代之後的事。

台灣約有九州那麼大，北海道有九州的一倍大，但不管如何，相較於面積比台灣和北海道更小的琉球來講，這兩個地區為什麼沒有像琉球那樣也有古代歷史呢？因為，過去台灣以「化外之地」、北海道以「蝦夷地」而遭到嫌棄，以致誰也不想開拓這兩個落後時代的文明未開化地區。

當然，儒教文明和佛教文明都未波及到這些海之邊境；另外，連海洋或沙漠都無法抵擋而對全球產生重大影響的伊

斯蘭教文明，也只到達菲律賓的民答那峨島和呂宋島，並未波及到台灣；即便是最靠近台灣的中華帝國，也到了清朝康熙時代才終於征服台灣。因此，台灣變成了東洋文明無法到達的地方，不管是在政治上、軍事上、文化上或是文明上都是邊境地帶。

但大航海時代之前，台灣並不是沒有機會登上歷史的舞台，例如，倭寇和元寇的時代就是一個機會，又例如，蒙古軍佔據台灣海峽的澎湖群島，設置臨時性的巡檢司也是。不過，其影響力也只到此為止，明朝末年之前的中華帝國，自己劃下的界線就是只到澎湖群島而已。本來，所謂中華文明就是指拒絕海洋的陸上文明而言，所以，長期以來實施的海禁政策，似乎也正表示對台灣興趣缺缺。

在那裡登場的是倭寇。自日本室町時代起，北自朝鮮、南至南洋的東亞海上和大陸沿岸，都是海盜倭寇的活躍舞台。不過，連這些倭寇也幾乎沒有在台灣留下任何足跡，為什麼呢？因為，倭寇的目的是貿易走私，對土地不感興趣。

對倭寇來講，台灣只能做為貿易走私的根據地或加水站，在其他方面完全沒有利用價值。這種想法，對代表倭寇後期時代，以顏思齊和鄭芝龍等明人為中心的倭寇來講，也是一樣。

根據明朝何喬遠的《閩書》記載：「東蕃（台灣）的夷人，先在海岸建立村落，明嘉靖末年（1566）為逃避倭寇的掠奪而逃入山中。」這是荷蘭人佔領台灣之前，有倭寇侵襲台灣的記載。

◎發現Ilha Formosa的葡萄牙人

完全被世界隔絕的台灣，自大航海時代開始，終於漸漸獲得關心，世界開始注意到台灣的存在。

首先，「看見」台灣的是葡萄牙人。1543年漂流到九州南方種子島、並將槍枝傳到日本的葡萄牙人，隨後於1551年把艦隊帶進日本豐後，要求和日本通商。但即使是在這個世界距離已經縮小的時代，對台灣這個島嶼的瞭解還是相當有限，雖然說曾經因爲倭寇的關係而知道這個島，但知名度還是很低，當時葡萄牙人雖然知道台灣的存在，但實際上應該是不太關心的。據說，在抵達豐後前，航經台灣近海的葡萄牙人，看到綠意盎然的台灣島後，不禁發出「Ilha Formosa」（美麗之島）的驚嘆聲，這件事曾經被荷蘭航海官記錄在航海日誌之中。

當然，被葡萄牙人這樣稱讚的島嶼，當時有好幾個，根據記錄，除了台灣以外，被叫做「Ilha Formosa」的島嶼還有十幾個，不過，之後以「Formosa」來稱呼的島嶼就只有台灣。1554年，葡萄牙人羅伯・歐蒙繪製的地圖上，已經有「Formosa」島的記載，同樣，1558年由歐蒙的兒子所繪製的地圖也有「Formosa」島的記載，而1570年荷蘭出版的地圖也沿用葡萄牙人的稱呼，把台灣記載爲「Formosa」。

十六世紀的東亞，因爲處於政權末期的明朝逐漸開放海禁，使得東亞的海上貿易隨著南蠻人的抵達，而成爲一個活

躍的時代。就在這個時期的前後，來到日本要求通商的葡萄
牙人、西班牙人、荷蘭人和英國人，陸續在九州的平戶和長
崎開設了商館。

　　其中的葡萄牙人，也是最早把澳門當作東方貿易據點來
佔據的人，而英國人則是最晚露面的。另外，中華帝國即使
從明朝轉換成清朝，但清朝還是不把台灣放在眼裡，只關心
所謂「島夷」和「東蕃」的倭寇和日本。另一方面，荷蘭卻
從很早開始就把貿易據點集中在澎湖島和台灣。

　　在這種情勢之下，台灣的地理價值慢慢獲得認同，因
為，在十六到十七世紀之間，荷蘭、西班牙和日本似乎為了
佔領台灣而展開爭奪。

◎日本、荷蘭和西班牙爭奪無主之地的 台灣

　　十六世紀～十七世紀的東亞勢力版圖如下：

　　西班牙於1571年在呂宋的馬尼拉興建港灣，開拓馬尼拉
和新大陸的墨西哥之間的太平洋航線，並嘗試與日本、明朝
進行通商和傳教。1576年，菲律賓總督向西班牙國王和墨西
哥副王遊說，有軍事征服中國的必要性。同時，為了早日奠
定海上通商航線，於1596年和1597年出兵攻打台灣，之所以
如此，主要是因為當時的明朝採取嚴格的海禁和鎖國政策，
禁止「夷船」停泊在中國的沿岸，因此，「夷船」和日本為
了要和明朝進行貿易，就必須以澎湖島和台灣沿岸做為加水

站和貿易中繼站；另外，擔心處心積慮想把台灣做為東亞貿
易中繼站的日本南下，也是出兵的理由之一。但是，這兩次
的出兵都以失敗收場。

另一方面，葡萄牙以澳門做為基地，壟斷了整個東方地
區的貿易市場。葡萄牙之所以能夠以澳門為據點，主要的原
因是，明朝當時的鎖國政策，除了讓貿易走私相當活絡外，
海盜也在「北虜南倭」的末期橫行於中國的東南沿岸，因
此，葡萄牙艦隊於1557年成功的驅逐海盜之後，明朝立刻下
詔將澳門賜給葡萄牙。

為了爭奪東亞利益，出來和上述兩個國家對抗的，是新
興的國家荷蘭。1581年，荷蘭共和國自西班牙獨立出來，但
另一方面，葡萄牙和西班牙則變成了聯邦。因為這樣，所以
荷蘭共和國受到西班牙的經濟制裁，荷蘭的船隻不能停泊在
西班牙領域的港灣內。因此，為了尋求新的活路，荷蘭遂積
極的向外開拓海外市場，1602年佔領爪哇之後立即成立東印
度公司，以做為和西班牙、葡萄牙爭奪東亞海上霸權之用。

1605年，荷蘭雖然襲擊澳門，但反而被葡萄牙和明朝的
聯軍擊退，對澳門斷了覬覦念頭的荷蘭，遂把矛頭轉向澎湖
島，想在該地築城，不過，這也成為和明朝爭奪管轄權的導
火線。1609年，荷蘭艦隊成功的獲得德川家康的通商許可，
於平戶設立商館，開始和日本貿易往來。然後，荷蘭駐日本
平戶商館的館長布魯瓦（Hendrick Brouwer），於1613年向東印
度公司的總督博茲（Pieter Both）提出佔領台灣的建議。1622
年，荷蘭艦隊雖然再度進攻澳門，但還是失敗，因此，又轉

向澎湖島登陸，在島上築城，建立基地，之後要求與明朝通商。

荷蘭再度和明朝爭奪澎湖島的結果是，雙方訂立了和平條約。為了交換澎湖島，明朝不得不將台灣管轄權交給荷蘭，並同時開放通商。如此這般，荷蘭終於在1624年佔領台灣，而為了鞏固台灣的基礎，荷蘭就在同一年於安平港建築熱蘭遮城（Zeelandia）。

不過，對荷蘭佔領台灣耿耿於懷的西班牙，於1626年再度派出艦隊攻打台灣，最後從台灣北部的三貂角（Sandiago）順利登陸，佔領台灣。接著，陸續以台灣北部的雞籠和淡水為中心，興建聖多明哥城（San Domingo）和聖薩爾瓦多城（San Salvador）等城堡，展開經營台灣北部的工作。西班牙雖然也有意佔領噶瑪蘭（宜蘭），但由於受到原住民的抵抗，因此無功而返。

於是，台灣的南部被荷蘭佔領、北部被西班牙佔領，在吳越同舟的情況下，台灣被當作貿易的轉運基地來利用。

◎中世紀的日本人和中國人對台灣有不同的認知

另一方面，日本從戰國時代的末期就已開始關心台灣。

日本的戰國末期，正好相當於明朝時代的末期，這時候，南蠻人航行到日本，給日本的戰爭形態帶來了變革，火繩槍在種子島登場，而在基督教的佈道下，也有基督信徒的

諸侯。對過去只擁有本朝、唐和天竺這三種天下觀或世界觀的日本人來講，這是一個很大的變化，因爲，這三種觀念加上南蠻之後，日本人的世界觀慢慢的朝全球性的範圍擴大。

這時，豐臣秀吉統一了全日本，並於1593年下詔要求「高山國」（台灣）進貢。這時派出的使者，是向豐臣秀吉進言建議遠征呂宋島的貿易商人原田孫七郎，豐臣秀吉接受原田的建議後，曾於1591年要求呂宋進貢，翌年更決定出兵攻打朝鮮。

被指派爲使者的原田，於1593年前往呂宋的途中，來到台灣，準備把詔書交給台灣，但這時，台灣只有蕃社，沒有整合全島的統一政權存在，因此，在沒有送交詔書的對象下，日本使者無法完成任務。隔年，商人納屋助左衛門（別名呂宋助左衛門）把從台灣帶回來的珍奇物品獻給豐臣秀吉，這段故事曾在《三才圖會》中提到，據說，之後納屋助左衛門觸怒了豐臣秀吉，因此不得不搭乘「櫻丸」逃亡琉球，依據記載，之後該船舶又於1596年轉往台灣的淡水停靠。

其實，這時候的日本和中華帝國，對台灣的處理態度有很大的不同。相對於日本的「高山國」（台灣）進貢要求，明朝卻只是以「雞籠國」稱呼台灣，連看也不看一眼。

誠如上一章所述，清朝中期乾隆皇帝所編纂的《明史》，「雞籠國」和日本、琉球、呂宋一樣，同時被列入「外國列傳」之中，是屬於日本的島嶼。換言之，由於中華帝國對陸地以外的事情完全不懂，因此，到十八世紀後期的清朝中葉，中國的知識份子還一直認爲台灣是日本的一部

分。

雖然在明朝的永樂皇帝時代,也有鄭和的大艦隊橫渡印度洋抵達東非的歷史事件,但鄭和這個事件卻成爲中華帝國海上時代的絕響,因爲,隨後又再度回到嚴格海禁與陸禁的鎖國時代。不僅禁止出海,連沿海的水上人家也不准進入內部陸地,從陸地前往海上的人,被視爲是捨棄皇土皇民、進入夷域的棄民。這些人若想再度回到陸地,全族或一家大小可能都會遭到誅殺,因爲,就中華帝國的立場來講,海上那邊的台灣是倭寇的巢穴,呂宋以北各個浮在東方海上的島嶼全部屬於日本所有。

1970年之後,對處於東方海上的釣魚台列島,中國人雖然引經據典主張釣魚台列島是中國絕對不可分割的領土,但自有史以來,中國人壓根兒就沒有想要把浮在海上的各個島嶼當作固有領土。

◎日本在十七世紀初遠征台灣

豐臣秀吉的時代結束之後,取而代之的,是於關原之戰獲勝的德川家康,德川家康以江戶幕府開始統治日本。

1606年,山田長政於前往暹羅(泰國)赴任的途中,據說曾順道登陸台灣以進行自然和人文的蒐集。再者,根據資料的記載,到過台灣的納屋助左衛門,也曾於1611年爲了前往暹羅而進入台灣內地探險。1608年,德川家康在駿河接見了漂流到日本的台灣阿美族原住民,這件事情後來被記載於

《馬家國人與現在》之中。

　　對台灣感到興趣的德川家康，於隔年的1609年命令有馬晴信前往台灣探險，接到命令的有馬，先派部下到台灣視察，雖然試著和原住民進行通商，但沒有成功。有馬晴信是一位以虔誠的基督徒聞名的諸侯，曾因1582年派遣「天正少年使節團」至羅馬而成為眾所周知的人物。當時的少年使節團，航行印度的果阿和葡萄牙的里斯本之後才抵達羅馬謁見教宗。

　　另外，有馬晴信也是少數擁有「朱印狀」（貿易許可證）、盡全力推展南洋貿易的有名人物，不過，他在1612年和長崎的官員岡本大八發生衝突，岡本雖被處以極刑，但有馬也被流放到甲斐，並在該地切腹自殺。

　　之後，長崎官員村山等安於1615年取得「高山國」的朱印狀，村山是繼有馬晴信之後，於長崎嶄露頭角的基督徒。村山後來邀集數人來到台灣，要求進行貿易和向日本朝貢，村山並企圖私下佔有台灣，不過，據說在缺少有力人士的支援下而功敗垂成。

　　但也有人說，村山之所以失敗，主要是三千位遠征士兵和十三艘船隻在開往台灣的途中遭受暴風雨襲擊所致。當時，村山等安接到德川家康的命令之後，就開始變賣家產，準備了一支由三千多位士兵和十三艘船隻組成的台灣遠征軍。本來，在這個重商主義非常盛行的十七世紀前後，日本也和荷蘭、西班牙一樣，設想若能佔領台灣，則不僅可以擴大領土，也可以達到奠立貿易轉運基地的目的，更可以藉由

襲擊中國沿海地區來對實施鎖國政策的明朝要求內陸通商。

　　有這樣的準備之後，村山等安的次子村山秋安於1616年5月4日，率領這支台灣遠征軍從長崎港出發，不過，抵達琉球附近海面時卻遭遇到暴風雨，包括村山秋安的座船在內的三艘大船因此漂流到交趾（越南），據說，之後他們滯留在越南約一年，翌年的七月才平安回到長崎。

　　在這支台灣遠征軍之中，能夠依照目標抵達台灣的，只有武將明石道友所率領的三艘船隻，雖然他們成功的攻下台灣北部，但卻有一艘船隻受到台灣原住民的襲擊，被原住民團團圍住，船上的全部人員在毫無取勝希望的覺悟下，以自殺來結束對峙。

　　另外的兩艘船隻，後來也被當時正在巡視福建省北部、偵察倭寇敵情的明朝官員董伯起所虜獲，並將全部的人員遣返日本。至於其他的七艘船隻，在琉球經過數個月的修理之後，繼續向福建省的金門島揮兵前進，經澎湖島，沿著台灣的竹塹（現在的新竹）海岸北上，最後，終於在襲擊沿海地區之後向明朝提出了通商的要求。

　　不過，留在日本的村山等安回到長崎後，與幕府官吏末次平藏發生紛爭，結果，遭到命令處死的命運。

　　雖然有這樣的歷史過程，但當時的日本似乎還沒有想要佔領台灣的積極想法，比起豐臣秀吉兩次以數十萬人出兵朝鮮的規模，其道理不言可喻。雖然如此，但對日本這種想佔有台灣的態度，西歐各國的反應就頗為敏感，例如，葡萄牙政府就擔心日本若佔領台灣可能就會或多或少影響到澳門的

貿易，因此，對印度果阿的總督下達採取事前對策的指令；另外，英國東印度公司駐日平戶商館館長柯克斯（Richard Cocks），也於1619年2月15日向總公司提出有關台灣在東方貿易中的地位暨其重要性的報告書。

經過這般爭奪台灣的結果，誠如上面所述，荷蘭於1624年佔領了台灣南部，西班牙於1626年佔領了台灣北部。

◎西歐國家因濱田・努易茲事件而知道日本的存在

佔領台灣南部的荷蘭，雖然和佔領北部的西班牙激烈對抗，但隨著影響力的增加，似乎開始壟斷了東洋貿易。

剛佔領台灣的荷蘭，雖然想立刻對日本商船徵收10%的貨物稅，但由於日本對這件事反彈，因此，害怕德川幕府施加壓力的荷蘭駐台灣長官，只好以停止課稅來讓這件事情落幕。

不過，1626年日荷之間還是發生了事情。濱田彌兵衛所率領的日本商船，為了取得向中國所訂購的生絲和購買台灣的鹿皮而前往台灣，不過，途中卻遭到橫行於東南沿海的海盜的阻擾，以致無法順利取得生絲。深感困擾的濱田，遂向台灣代理長官威特（De Wiltt）提出借用兩艘戎克船（平底帆船）的申請，希望能夠直接從福建運送生絲，但威特拒絕這項申請，於是，爆發了日荷之間的轉口貿易糾紛。

這時，荷蘭的駐巴達維亞（Batavia，即印尼雅加達）總督，

惟恐台日貿易糾紛的擴大會給日荷通商帶來不好的影響，因此，於1627年將台灣的新長官努易茲（Pieter Nuyts）派遣到江戶幕府，要他先去謁見德川將軍。但德川這一邊，卻拒絕了這項要求，可是另一方面卻又對帶領台灣新港社原住民頭目理加（Dijcta）和中國通事（口譯官）來謁見的濱田，不僅接受謁見申請，並予以會面，而且還頒賜禮品給他。

翌年的1628年，濱田彌兵衛想要再度來到台灣，這時，努易茲長官不僅禁止他登陸，還扣留濱田，並將隨行的原住民頭目逮捕入獄，沒收船上的武器和德川的禮品。當濱田被釋放之後，立刻向努易茲長官提出抗議，在未受到回應之下，濱田最後展開奇襲，把努易茲長官當作人質拘禁五天。為了平息這件騷動，日荷雙方開始談判。

結果，在雙方的同意下，除了人質被送回、頭目被釋放、沒收的德川禮品也被歸還外，荷蘭還必須賠償日本的貿易損失。雖然，這個事件在雙方的同意下落幕，但知道事件原委並頗為震怒的德州幕府，不僅關閉平戶的荷蘭商館，而且還扣留所有的荷蘭商船和荷蘭人，並全面禁止和荷蘭通商。

駐巴達維亞的荷蘭總督知道這件事的嚴重性後，立刻召回努易茲長官，同時派遣普特曼（Hans Putemon）到台灣接任，另外，也派遣詹姆士（William James）特使到日本進行交涉。這項交涉持續了三年之久，其結果是，荷蘭應將努易茲長官送交日本，才能夠重新獲得日本的通商契約。德川這種強硬態度，不僅維護了日本的國家權利，也讓西歐國家對日

本的強大印象深刻。

　十六～十七世紀當時，西歐各通商國家雖然已經航行於七大海洋之間，但還沒有瓜分和掌管全球的能力，因此，與其掌握全球各地的領土，倒不如把各地的港灣基地控制在手裡，並將它們做爲據點以掌握通商路線和市場比較實際。正因爲如此，所以荷蘭爲了重新和日本進行通商，才會對日本讓步到這種程度。

　這時，葡萄牙正在以印度的果阿和中華帝國的澳門爲中心，獲取東方貿易的利益。而從濱田・努易茲事件之中才瞭解到日本武士強悍性的荷蘭，雖然想以「十二年休戰條約」的期限屆滿做爲契機，企圖於1621年借用日本武士的力量來奪取澳門，但日本卻未加以配合。

　日本從戰國時代到德川時代初期之間，所擁有的槍枝已超過全歐洲的數量，除此之外，日本企圖征服朝鮮的計劃也讓西歐國家不敢輕忽。

◎ **台灣再度被遺忘兩百年**

　那麼，另一方面的西班牙和日本的關係又如何呢？

　日本自豐臣秀吉統一天下之後，即對基督教信仰採取嚴格的禁止措施，因此，進入1624年的德川時代之後，即決定和西班牙斷交。對當時的西歐列強來講，在日本傳教乃是掌握東亞通商的重要關鍵，而且，從通商的角度來看，如何在日本傳教也是最重要的事，因此，西班牙佔領台灣北部之

後，所建造的聖薩爾瓦多城（San Salvador）和聖多明哥城（San Domingo），也是爲了當作進出中國和日本之用的據點。

　　但西班牙的這種打算卻被荷蘭所阻擾。荷蘭爲了打敗競爭對手，甚至採用間諜戰，透過荷蘭商館把西班牙計劃征服琉球的情報洩露給日本政府知道，這時，日本雖然已經決定和西班牙斷交，但對荷蘭所提供的情報還是加倍用心的研究。因爲，爲了鞏固琉球群島的防禦和連根拔除西班牙的野心，日本正計劃出兵攻打西班牙的亞洲傳教據點馬尼拉。

　　1630年，由末藏重政率領的偵察船駛抵呂宋，除了把日本準備佔領馬尼拉的意圖傳送給馬尼拉的荷蘭商館館長外，也要求荷蘭提供軍事上的援助。另外，長崎長官末次平藏也向東印度總督要求支援日本馬尼拉遠征軍。但，原本就要出兵的馬尼拉遠征計劃卻突然取消了，爲什麼呢？理由雖然不少，但其中之一是，荷蘭和西班牙的勢力之爭，已隨著西班牙的節節退讓而幾乎就要結束，因此，日本已沒有必要再去壓迫馬尼拉；另外一個理由是，日本自平定1638年的天草島原之亂後，從馬尼拉到台灣、琉球、日本的這條基督教入侵管道就被完全封死，完成了江戶的鎖國體制。

　　不管如何，日本雖然沒有和西班牙發生衝突，但台灣的爭奪戰，已因荷蘭於1642年驅逐西班牙而大致江山底定。尤其是，荷蘭和西班牙所爭奪的東亞海上通商據點，已因西班牙的節節敗退而似乎有偃旗息鼓的樣子，不過，戰火還是繼續延燒到十九世紀末期的印尼和菲律賓的殖民地爭奪戰上。

　　另外，留在台灣的荷蘭，於1661年被鄭成功家族所驅

逐。鄭成功家族是倭寇的最後一股勢力，因此，也可以說是日本勢力的獲勝，不過，鄭氏家族也在短短的二十一年內被清國所消滅。

之後的整個東亞地區，進入了由日本鎖國和清國海禁所主導的鎖國時代，位於東亞邊境的台灣，也被這種國際環境所左右，成為「荒蕪之島」而被世人所遺忘，兩百年之後，也就是鴉片戰爭、日本開國維新之後，台灣才再度引起大家的注意。

◎十七世紀之前生活在台灣的日本人

談到這裡，已說明了大航海時代的台灣管轄權的勢力之爭。日本為了台灣的管轄權，雖然也有數次的挑戰作為，包括1593年豐臣秀吉的高山國招撫、1609年島原藩主有馬晴信的征台和1616年長崎代官村山等安的征台等等，但都無法如願。

那麼，當時的台灣到底有沒有日本人呢？

根據連橫的《台灣通史》，最早發現台灣的日本人，是唐大中七年（853）進入唐朝的僧侶圓珍，據說圓珍也是偶然漂流至台灣的。

自東海大活躍時代起，到江戶時代的鎖國為止，在這段期間中，倭寇和日本、南洋的人與物之交流非常旺盛，在倭寇的後期，也有和明人、佛郎機人（葡萄牙人和西班牙人）進行交流。台灣在倭寇時代、荷蘭時代和鄭成功家族時代，都被

當作走私貿易的轉口基地來利用，在江戶幕府採取鎖國政策之前，台灣和日本的交流也非常盛行。

有關這方面的資料，可以在哈梅爾（Hendrick Hamel）的著作《朝鮮幽囚記》（生田滋譯，平凡社）之中看到。1653年，哈梅爾一行人所搭乘的荷蘭東印度公司的鷁鷹號（De Sperwer）從巴達維亞啓帆，由於這艘帆船乘坐著準備到台灣赴任的卡札（Colnelius Caezal）長官和他的家族，因此，預定將會先停靠台南，然後於台南裝載鹿皮、鯊魚皮和羊皮等商品之後，再航向日本。不過，船隻卻在途中遭受颱風襲擊，一路漂流到朝鮮半島的濟州島，當時，滿洲人管轄的朝鮮把所有的船員都留置下來，直到1666年，哈梅爾等八人才成功的脫逃出來，據說，在長崎官員的安排下，從五島列島被引渡到出島的荷蘭商館。《朝鮮幽囚記》就是當時的拘留日記。

當時，從巴達維亞經台灣到日本的航線，往來著很多進行南蠻貿易的貿易船隻。這時候的台灣，荷蘭人已經在1661年撤退，進入了鄭王朝的時代。

正因爲有以上所述的交流，所以，從日本到南洋的航行途中，台灣有可能成爲日本人的停留之地，即使不是這樣，相信台灣周邊的海域也應該是航路。但有關台灣方面的記錄卻極少。

進入十七世紀之後，很多外國人開始在台灣進進出出，其中，除日本人外，也有漢人和荷蘭人。

荷蘭人佔領台灣的前一年，台南地區完成了人口調查，

根據這項1623年的調查，住在台南地區的明人和漢人約有一千到一千五百人左右，不過，若將當時沒有固定住所的流動人口計算進去的話，則台灣所有貿易港口附近的漢人恐怕會在兩千到三千人左右吧！朱印船貿易之前的台灣，由於是倭寇貿易的靠泊港或避難之地，因此，民眾理所當然不會定居下來。

荷蘭人進入台灣之後，原住民、中國東南沿岸的漁民、走私商人和日本的貿易商人，都集中在台南的安平和北部的淡水兩地，台南的安平有荷蘭人所興建的城堡。根據資料顯示，日本人在這時候約有一百多人停留在台灣；另外，如果依據西班牙人於1626年所繪製的「台灣的荷蘭人港口圖」，則安平港熱蘭遮城（Zeelandia）的城外，約有一百六十位日本人居住在日本人居住區。

不過，這些留在台灣的日本人，大部分都是暫時性的停留，不是永久的居民，他們的目的是從事貿易，因此，台灣南部的安平、北部的淡水和雞籠等港灣地區，停留下來的日本人都各有緣故。相較於1603年西班牙佔領下的呂宋和馬尼拉，當時就已經有一千五百人以上的日本人居住著，而1620年居住在馬尼拉的日本人也有三千人，這些數字都比暫時居住在台灣的日本人超出很多。

當時留在台灣的日本人，是以被九州的有馬（或松浦）、京都的角倉和大阪的末吉等諸侯或海上商人派來的家臣為主。但這麼少數的日本人，後來也隨著荷蘭時代的來臨而離開台灣，為什麼會這樣呢？想來，應該是受到南蠻貿易

的衰退、日本的鎖國和清朝的鎖國等重大因素的影響吧！

　　進入江戶幕府的鎖國政策之前，日本人在倭寇貿易到朱印船貿易（擁有朱印狀、可進行貿易的船隻）鼎盛時期之間，活躍於台灣、暹羅、呂宋和巴達維亞等東南亞各地。這時候最出名的人物是山田長政，影片「王者之劍」就是在描述山田的生平逸事。

　　不過，江戶開始鎖國之後，朱印船貿易和長崎的外國貿易全部消聲匿跡，同時，在亞洲各國從事貿易的日本人也不見蹤影，台灣的日本人也在這一連串的潮流之中消失，這難道是荷蘭殖民台灣時期的偶然現象！

　　但台灣在日本人離開之後，除荷蘭人外，漢人也開始增加，即使清朝這時也和江戶幕府一樣正在實施鎖國政策。

　　之所以會這樣，主要原因是，在明末到清初的這一段時間，日本倭寇雖然已因日本政府的強力取締而衰落，但另一方面，中國沿海卻依然被中國倭寇所掌控。這時已是倭寇的後期時代了。

　　之後，即使進入清朝時期，中國倭寇也還是繼續在嚴格的海禁下四處橫行。同時，土地狹小和人口眾多的中國東南沿海地區，饑荒也正在持續肆虐，因此，人民只好向海外尋求生路。結果，大部分的漢人從明末開始，以呂宋為中心向台灣和東南亞地區流散出去。

　　再說，西歐世界於大航海時代之後盛行的奴隸交易制度，供應來源雖然是以非洲為主，但亞洲也有中國東南沿岸地區的奴隸供應地，可以進行所謂的「黃色奴隸貿易」。

　如此這般，日本人從台灣消失之後，取而代之的，是荷蘭人和中國東南沿海的「船上難民」的進入。然後，荷蘭時代有明人的季節性勞動者、鄭成功時代有明人亡命海盜、清朝時代有突破海禁的偷渡者，一個接一個的進入台灣。

　另一方面，原本住在台灣的原住民當然還是存在著，他們的人數雖然少到連一個小王國都無法形成，但對外來民族還是會用武力來抵抗，因此，移民們若沒有強大的武力集團來保護的話，就無法建立村落。

　因此，初期的外來移民，必須要在海盜的保護下才能夠進入台灣，之後，進入荷蘭時代和鄭成功時代，就需要靠強大的海上勢力才有辦法移民到台灣。在這期間，原住民和移民的紛爭從來沒有間斷過，雙方為了建立村落而互相仇視，這也是台灣四百年的歷史基調，換言之，台灣的歷史幾乎都是外來移民和原住民的抗爭史。

　雖然說日本人早在荷蘭時代之前就來到台灣，但他們的目的只是為了從事貿易而已，如果貿易衰退的話，那麼台灣就毫無用武之地，他們當然就會全部離開。對日本人來講，十六到十七世紀的台灣，雖然是流動性的宿泊場所，不是居住的地方，但還是有日本人長年定居下來的例外。據說，佔領台灣北部的西班牙人於1642年被荷蘭人趕走之後，荷蘭人前往台灣東北海岸進行金礦探險時，受僱擔任嚮導的人就是已在雞籠居住超過三十年以上的日本基督徒九左衛門（Hasinton）。

　日本人之所以離開台灣，也有人說是因為無法忍受台灣

的風土病之故。的確，當時的台灣是一個風土病和傳染病蔓延的「瘴癘之島」，這種狀況，不僅讓日本人無法忍受，對後來陸續移民到台灣的漢人來講也是一種威脅，俗話「十去六死三留一回頭」就是在描寫這種狀況，意思是說，十個漢人移民到台灣會有六個人死亡、三個人留在台灣、一個人逃回去。

　　不管怎樣，對日本來講，台灣的價值在這時候只不過是轉口貿易的據點而已，沒有「南進政策」上的領土價值，因此，自江戶幕府發佈鎖國令之後，對台灣的關心就蕩然無存。不僅日本如此，對葡萄牙、西班牙和荷蘭來講應該也是一樣，當時各國對台灣的要求，無非只是有關貿易上的利用價值而已。

　　從上一章和本章所提到的史實可以知道，台灣雖然自大航海時代之後成為各列強的爭奪之地，但自古以來是不屬於任何一個國家的。另外，自大東亞戰爭之後日本放棄台灣的管轄權開始，一直到今天，除了台灣居民以外，任何國家對台灣都沒有管轄權，這是非常明白的事實。

第九章

重新再認識
「台灣人」

◎台灣文化迥異於中國文化

有很多的學者，把日本、韓國和越南的文化當作是一種「文明」，像著名人物湯恩比（Arnold Toynbee）就是其中之一。縱使這些國家的文化只被認爲是「小文明」、「衛星文明」或「周邊文明」的東西，但在這些學者的想法中，卻把這些東西當作應該認識的「文明」來認眞對待。

德國哲學家斯賓格勒（Oswald Spengler）和希特勒（Adolf Hilter）曾經嘲笑日本文明是「月光文明」，意思是說，如果把中華文明比喻成太陽的話，則「月光文明」就像是反射太陽光的那種如同月光的朦朧之物。不過，若反過來看時，難道這種說法不是承認日本文明和中華文明是分別存在的個體嗎？

然而，把台灣文化稱爲「文明」的人卻不多，不，應該說是幾乎沒有。的確，數千年來，日本、韓國和越南都受到「中華文明」的強烈影響，容納著很多中華文化的要素，相較之下，台灣開始有中華文化的進入，也只不過是三百多年前的事。

有關這一點，前總統李登輝在任期即將屆滿的數月之前的1999年12月11日，在總統官邸和新聞記者櫻井吉子晤談時曾經這樣說：「台灣和中國不同，台灣是重視正直誠實的文化，尊重人權，現在和今後都必須擁有自由和平等的文化，然後，必須貫徹民主的國家、民主的經濟原理。」李登輝先

生是主張台灣是台灣、中國是中國的「兩國論者」，在這個前提下，台灣和中國不僅在政治和經濟上不同，而且在文化的層次上也都擁有互相不同的東西。

1970～80年代的台灣，曾經出現所謂「台灣文學」和「鄉土文學」的文學爭論，另外，在「海洋文化」對「大陸文化」的題目下，也有關於台灣文化和中國文化的文化爭辯。不過，雖然有這樣的過程，但台灣文化的實體到今天卻還是不明確。

因此，誠如李前總統所說，應積極的「創造出和中國文化不同的台灣文化」，尤其是，必須創造出擁有普世價值的新獨特文化。今天的台灣和中國，任何人看來，都知道雙方各有完全不同的文明和文化要素，其實，雙方已經跨越了小同「大異」，正處於對立的局面。

中國政府的李鵬前總理（前人代會委員長）曾經斬釘截鐵的說：「今後也不會實施多黨制、三權分立和私有制。」中國所否定的這三種制度，今天卻存在於台灣，從這些事情應該可以知道，今天的台灣和中國在近代文化上不只是不同而已，甚至可以說是互相對立的。

建設社會主義社會遭到挫折的中國政府，改革開放後的路線，也還是要走社會主義的市場經濟，仍然堅持「四個原則」。因為每一次黨代表大會之後都會有「創造出社會主義新文明」的決議，對這一點，中國政府都會提出「在初期階段，建設社會主義社會至少需要一百年」的說明。

◎台灣的文化土壤和中國不同

比起普遍性較高的「文明」，「文化」是獨特且優秀的東西，如果該區域的歷史腳步不同的話，文化當然也會跟著有所差異，如果拿台灣文化來和中國文化或日本文化比較的話，就可以清楚的知道相互之間的不同特色。

譬如，中國文化有五千年的歷史，如果扣除被蒙古人征服統治一百年的元朝的話，則在傳統上就具有持續性的特徵，德國哲學家黑格爾（Hegel）把這種情況叫做「亞洲型停滯社會」，但中國學者卻自傲的說：「中國是超穩定社會。」

比起中國文化的不變性和不動性，日本文化就擁有變動性，有很多文化間斷的現象，大化革新和明治維新就是最好的例子，斯賓格勒和湯恩比等人把明治維新嘲笑成是自東洋文明轉向西洋文明的「改宗」文明。不過，日本於維新之後，對西歐文明充滿著憧憬，積極的加以包容，日本之所以把這種狀況稱為「文明開化」，諒必是肇因於過去的中華傳統文化和東洋文化都不被視為是「文明」之故吧！

台灣也有類似日本文化包容和文明變動的歷史，不過，相對於日本的「文明改宗」的自發性、自律性和自主性，台灣則是屬於被動性和他律性。十九世紀之前，台灣雖然被清朝嫌棄為「荒蕪之島」、「化外之地」和「瘴癘之島」，但這並不意味著台灣沒有文化或文明的存在。這樣說來，可能

會牽涉到「所謂文化是什麼？」的定義問題，以及文明和野蠻的界線究竟在那裡的問題。的確，當時台灣所面臨的，或許就是「野蠻的原始生活」，也或許是無文字的文化。

　　然而，在這裡想要釐清的是，在被稱爲「化外之地」的時代，台灣並不是沒有文化的存在，實際上，台灣在史前就有史前文化，在文字還沒有傳入之前也有各式各樣的無文字文化，這些方面已成爲考古學和民俗學上的範疇與研究對象。

　　台灣在文化的形成過程中，經常受到外來文化的強烈影響，這是台灣文化的最大特徵。之後，這些原本是外來的東西，今天卻變成了土味十足的文化要素，這種例子屢見不鮮，例如，台灣的佛教文化、道教文化和儒教文化雖然都是外來的東西，但它們卻在向下扎根的過程中附著在本土性的東西上。

　　台灣文化經常被認爲是和中國文化同質或類似的東西，但這是對台灣文化的無知所造成的謬見。在台灣文化之中，有很清楚的多重結構和累積性，台灣文化自有史以來雖然受到各式各樣外來文化的影響，但已自動形成了很多的斷層，因爲，長期堆積下來的外來文化，已逐漸成爲台灣文化的一部分。

◎台灣的日本文化無法被國民黨的反日教育消滅

　　如果從地緣來看的話，台灣這個島國是日本列島和菲律賓群島的連接點，北回歸線通過的中南部嘉義是亞熱帶型的溫暖氣候，另一方面，誠如日本自古以來就把台灣稱爲「高山國」那樣，台灣也有兩百五十八座三千公尺以上山頂也會飄雪的高山。

　　台灣雖然只是九州那樣面積的小島，但地形卻很複雜，熱帶、亞熱帶和溫帶的氣候型態混雜在一起，多樣化的植生帶處處並存，而多種族和多文化就從這種多樣化的環境之中產生。

　　從喜馬拉雅山麓到雲貴高原或福建的「陸上東南亞」，和另一個「海上東南亞」，也都和台灣一樣，是從多樣化的植生環境之中形成了多民族和多文化的社會，不過，前兩者和台灣的最大差別在於，台灣是位於東南亞和東北亞的連接點。

　　做爲連接陸上和海上的亞洲連接點，台灣大幅吸收了雙方的要素，光就地理上的條件來看，朝鮮半島看來似乎也是相同的。不過，雖然這麼說，但並不意味著朝鮮半島擁有和台灣相同的文化，因爲，不管是台灣或朝鮮半島，都有各自的歷史腳步，而且，歷史性和地理性的條件攪雜在一起之後，會有不同文化的產生。

　　台灣自有史之前到今日為止，至少堆積出了六個文化性階層，這些都是長遠歷史所累積和形成的東西。有關這些東西的分析和說明，本書雖然無法詳細敘述，但從考古學和民俗學的角度來看，一般認為，在史前恐怕就有以下兩個文化階層存在著：

　　　第一階層　以漁獵和球根栽培為主流的針闊葉樹混合
　　　　　　　　林文化
　　　第二階層　以稻作和漁獵為主流的海洋性黑潮文化

　　十六～十七世紀是西歐各國被捲入大航海時代的年代，荷蘭和西班牙的海上勢力，趁著這個時代潮流來到台灣，同時，中國大陸東南沿海的漢族也以季節性勞工和船上難民的身份流進台灣，結果，對歷史時代以後的台灣文化有很大的影響，並因此產生以下四個文化階層：

　　　第三階層　大航海時代以後的荷蘭和西班牙的南蠻文
　　　　　　　　化
　　　第四階層　漢族移民進來之後，來自中國大陸東南沿
　　　　　　　　海的閩族和客家族的漢文化
　　　第五階層　包容近代西洋文化的日本文化
　　　第六階層　從百年內戰中產生的中國國民黨文化

　　外來政權之所以會對台灣文化造成這麼大的影響，並

不只是因爲外來統治者的強大政治力這個因素而已。一般認
爲，在外來政權頻繁更換下，過去文化中的人文、物質和精
神上的不斷更迭也是重要的因素，例如，荷蘭人驅逐台灣北
部的西班牙人、鄭成功家族消滅荷蘭人的勢力、清朝將鄭成
功家族從台灣趕出去、台灣的漢人全部被強制遣返大陸等不
計其數的社會性間斷，就是造成台灣無法孕育獨特文化的因
素。

　　日本進入台灣之後，就尊重台灣人民的自由意志，讓他
們選擇到底要做清國人或是日本人，給大家兩年的期間來選
擇國籍。即使在這種情況下，據說這時希望返回中國大陸的
也只有四千五百多人。然後，雖然只有短短五十年的日本統
治時代，但卻孕育出台灣的人文和物質資源，創造出台灣文
化萌芽的契機。

　　但，這樣的日本也因戰爭的結束而必須離開台灣，取而
代之的，是國民黨政府軍的登場。當時，有四十萬日本人和
二十萬日軍因國民黨政府軍的進駐而離開台灣，進駐的中國
軍民則有兩百萬人。

　　爲了進一步掃除留在台灣的日本灰燼，國民黨政府開始
把消滅日本文化做爲國家政策來推動。然而，自十九世紀起
持續被容受下來的日本文化，卻已經在台灣的土壤中生根，
國民黨政府想以撲滅政策來消滅日本文化已不是那麼簡單的
一件事了。

◎未來取向的日本文明正在台灣扎根

中國是多文明和多文化的複合國家，證據之一是，不會有人把中國國內西藏人的西藏文化和維吾爾人的伊斯蘭文化當作中華文化來看待，即使是在漢文化之中，就如同南船北馬的象徵一樣，在長江文明和黃河文明中各自孕育出來的南北稻作文化和雜糧文化，也是完全不同的東西。

可以從中國文化之中聯想到的東西，屈指一算，首先是皇帝制度和宦官、科舉、纏足、貪官污吏等東西，接著是盜賊肆虐、戰亂、饑饉、殺人、放火、漢字、儒教、道教、少林武功、太極拳、中華料理、面子……等等，這些都是漢族的共通文化，即使語言和風俗不同，也有這些文化上的共通之處。

在擁有多階層文化結構的台灣文化之中，由於也包含了漢文化的階層，因此，中國文化和台灣文化確實擁有很多共通的文化要素。共通的部分有食衣住、節日、信仰、文字和語言等等，基本上，這些都是台灣文化和中國文化的共通要素，不過，其中也有微妙性的差異存在，就像伊比利亞半島（Iberian Peninsula）中的葡萄牙和西班牙雖然有共通的拉丁文化，但還是有鬥牛文化的微妙差異存在一樣。

台灣料理完全和廣東、四川、北京的料理不同；漢字也不同，中國是簡體字，台灣是繁體字；中國話的語法，在台灣和中國之間也有很大的使用差異，即使文言文是共通語，

白話文也是完全無法互通的同文異語。此外，還有很多可以列舉的東西存在，不過，不管怎樣，這些都是台灣和中國雖然擁有相同文化性階層，但卻非同一文化的證據。

至於台灣和中國的史前關係，幾乎沒有可信的歷史考證存在，因為，比起五千年的中國歷史，台灣的歷史還未滿四百年。

曾經，台灣有荷蘭、西班牙、鄭氏王朝、清朝和日本等外來者的統治時代。在這麼多的外來者中，只有清朝把中國的文化要素帶進了台灣文化之中。也就是說，台灣除了中國文化之外，也堆積了非中國性的外來文化，這應該是它和中國文化最大的不同吧！

台灣沒有經驗過中國所擁有的百年內戰和社會主義體制，因此，百年內戰和社會主義體制所產生的精神文化，並未在台灣文化之中生根。另一方面，具有日本統治時代經驗的台灣，已被日本化的近代文化和民主主義的文化要素牢牢盤踞著。

反之，未容納日本文化的中國，縱然有模仿明治維新的戊戌政變、辛亥革命、五四運動和八年對日抗戰，也不會具有日本性的文化要素。如此這般，台灣文化和中國文化的結構是完全不同的。如果把文明結構比喻成房屋結構的話，那麼，不管外觀和內部裝潢多麼相似，建築材料也不會是同質同類的東西，以各種不同建築材料興建完成的住宅，看起來雖然是相同，但其實是非同質性的。

一般認為，日本和中國在二十世紀初期前都是同文、同

種、同洲和同俗的國家，屬於相同的漢字文化圈和儒教文化圈，具有東洋文化或東洋文明的特徵。的確，日本和中國有很多共通的文化要素，不過，文明的組合、原理和結構卻完全不同。

中國的文化性格是傳統肯定型，至今已完全喪失了創造力，只能依賴過去的傳統，即使再發起文革時代那種完全否定傳統文化的所謂「破四舊」的激烈運動，也無法創造出嶄新的東西來，也就是說，無法創造出「社會主義新文明」。

但日本卻不是這樣，日本文明的原理是未來型，其中有神道這種「調和」的原理在作用著，因此，看不到中國文化的排他性，是極為寬容的。台灣也和日本一樣，雖然具有和中國文化共有的文化要素，但文明原理卻是完全不同的。

◎文化共通性緊密連結台灣和日本

那麼，從地緣文化圈來看，台灣到底和那一國比較接近呢？日本或中國？

自舊石器時代起到新石器時代止，台灣和日本的史前文化，有很多石器、土器和鐵器是類似的，甚至有人說，在一至兩萬年前，台灣、琉球和九州都是屬於同一文化圈。

至少，這兩千年來，台灣和日本列島已經受到黑潮文化的洗禮，在倭寇時代到鎖國時代之間，台灣和日本列島也有人文與物質的交流。不過，對受黑潮文化影響比日本列島更為強烈的史前台灣來講，比較適當的考量，應該是當作菲律

賓文化圈、或馬來‧玻里尼西亞文化圈的北彊吧！

　　一般認為，台灣的原住民屬於百越系和馬來‧玻里尼西亞系。百越系是從喜馬拉雅南部穿越雲貴高原和福建山巒來到台灣的，因此，即使到今天，他們還被認為是多文化、多語言和多種族的民族；而馬來‧玻里尼西亞系，則是隨著黑潮文化從海洋進來的。

　　台灣的原住民，雖然被大致分為平地的平埔族和山區的高砂族，但據推算，他們移居台灣的時間卻是不同的。那麼，比這些原住民更早居住在台灣的居民，也就是說，那些創造台灣古代原始文化的人到底是什麼樣的人呢？

　　在考古學上，台灣除了有三至五萬年前「大岡山人」的最早人類出土之外，也挖掘出苗栗的網形文化（伯公壠遺跡）和台南縣的左鎮原人，據說，這些全部都是一萬五千至五萬年前的文化。另外，在台灣舊石器時代的文化之中，也有長濱文化存在，由於這是1968年從台東縣長濱八仙洞的新石器時代的底層所挖掘出來的東西，因此，是屬於舊石器時代後期的文化。

　　在日本治台期間，由移川子之藏、金關丈夫和國分直一教授等人所推動的台灣考古學研究，即使是在戰後，也繼續由台灣大學的宋文薰教授等人接手，由於這項研究工作還在持續中，因此目前尚無法瞭解發掘出來的前土器文化和新石器文化是否有任何連續性的關連。

　　但是，根據考古學泰斗國分直一教授的看法，它們的起源似乎都是來自印度。台灣發現的最古老旱田稻作，是1977

年在台灣的南端墾丁所挖掘出來的，據估計是四千年前的遺址，甚至，還有人以這個遺址做爲基礎，推算出日本的旱田稻作早已隨著黑潮經過琉球而來到台灣。

比較清楚的是，可以從代表台灣新石器時代初期的台北縣八里鄉的「大坌坑文化」（約四千七百年至七千年前）看到農作物的栽培。從這個時代的遺址之中，除了可以確認已在使用磨製石器和陶器外，也可確認農耕、狩獵和捕魚的生活形態，甚至也有聚落的形成痕跡。據推測，創造這些文化的人民，很有可能就是後來進入台灣的「南島族群」馬來·玻里尼西亞系原住民的祖先。

至於中後期的新石器文化，計有牛罵頭的牛稠子文化、圓山文化、洞角文化、墾丁文化、卑南文化、芝山岩文化和台中大肚的營埔文化，這些文化的特徵是，可以看到貝塚、骨器、彩陶和黑陶等東西。其中，在墾丁文化、卑南文化和營埔文化之中，可以看到稻作文化，墾丁文化和台中大肚的營埔文化已被推算出是兩千至四千年前的東西。

另外，在鐵器時代之中，則有十三行文化，依推算，這是四百至兩千年前的東西，已有農耕、漁獵和商業的進行。尤其是鐵器時代的阿美文化，因爲受到菲律賓鐵器時代的影響，已開始有紅陶、玻璃和鉤槍的使用，這是一千至一千四百年前的文化。

也有學者主張，台灣、琉球和九州在一至兩萬年前是屬於同一文化圈，因爲，從古代的日本列島、台灣、菲律賓和東南亞各島之中，可以發現很多文化和民族上的共通性。

　　筆者在澳洲和紐西蘭的博物館，看到澳洲的原住民是於兩千年前從日本遷移進來的展示後頗爲驚訝，當時，除了感嘆自己知識淺薄外，也對歷史這種跨越時間和空間的大河長篇小說感慨萬千。

　　廢話少說，再回到台灣歷史的主題吧。台灣的高山比日本還多，文化也多采多姿，在大航海時代之前，台灣是馬來‧玻里尼西亞或菲律賓文化的一部分，也是這些文化的北疆。其次，就像日本有繩文時代的「森之民」與彌生時代的「田之民」等兩者存在一樣，史前的台灣也有相當於繩文文化的高砂族文化和相當於彌生文化的平埔族文化，此外，也有類似倭寇的「海之民」和北部馬賽人那種從事沿岸貿易的「商之民」。

　　台灣是四面環海的海島，因此，有很多的海洋文化論者主張或推測說，如果從地理學或地政學來考量的話，則不管是原住民也好、或是渡過驚濤駭浪而來的外來移民也好，任何一方都擁有強烈的海洋色彩文化。正因爲這樣，所以台灣也曾經發生海洋文化論的爭論。

　　從歷史來看東亞海上的列島時，可以發現琉球列島比台灣還具有海洋色彩，日本列島也是如此。雖然這麼說，但日本文化果眞就是海洋文化嗎？如果要眞正深入檢討的話，那麼，就必須重新對日本文化的性格進行論證，且應以自遣隋使和遣唐使時代的航海力起到江戶時代的鎖國爲止的這一段期間來討論。

　　台灣登上世界史的舞台，係從大航海時代開始的，就

經濟性來看也是典型的通商國家。不過，比起古代的迦太基（Carthage）、中世紀的威尼斯（Venezia）、或太平洋與東南亞各島嶼的海洋文化，台灣的航海能力和海上勢力都是羸弱的，之所以如此，係因台灣和日本的歷史都經歷了鎖國這種東亞的國際環境所致。因此，筆者和很多海洋文化論者的意見不同，筆者認為即使台灣（或日本）是一種海島文化，也不會有鮮明的海洋文化色彩，這就是台灣的特異性，而此種特異性就關係到台灣落後的文明開化和由很多外來掌控者長期統治的歷史因素。

另一方面，中國文化是典型的大陸文化，其特徵是，為了防備北方騎馬民族的入侵而建築萬里長城，歷代王朝的建都地點也都選擇在遠離海洋的內陸，並實施嚴格的海禁。

如此這般，台灣和日本是海上的亞洲島國，遠離東亞大陸，面臨太平洋，有共通的地理學和地政學的自然環境等共同項目。正因為如此，所以進入台灣的日本文化可以很快的被吸收，並向下扎根，而這也是大陸文化無法在台灣生根的決定性原因，不是嗎？

◎台灣和中國自有史以來就處於對立狀態

中國經常主張「台灣是中國自古以來絕對不可分割的固有領土」，很多的日本政治家對於這一點都只是點頭承認，既沒有提出不同意見，也沒有反駁，至於日本學者和中國專家，則很認真的同步呼應。

　不過，實際上台灣自有史以來就一直和中國互相對立，根本談不上是中國絕對不可分割的固有領土。史實中可以確認這件事的例子處處可見，例如，荷蘭人和明朝爭奪澎湖島的結果是台灣被佔領了；之後，鄭成功家族雖佔據台灣來對抗清朝，但清朝把鄭氏家族從台灣驅趕出去後，就把台灣當作「化外之地」，實施嚴格的海禁，當時的台灣可以說是不斷重覆著「三年一小反、五年一大亂」的叛亂活動。

　日清戰爭的結果是日本佔領了台灣；而中日戰爭後，國民黨進駐台灣；今天的台灣，反攻大陸和戒嚴令雖然沒有了，但中國「絕對不放棄武力」的威脅卻還是持續著。如此這般，可見台灣島和中國大陸自有史以來持續不斷的對峙與對立狀態，是千眞萬確的史實。

　台灣和中國這種不間斷的對立，表面看來，似乎是軍事性和政治性的東西，但深入追究時，畢竟還是潛藏著文化摩擦和文明衝突的因素，台灣文化的多樣性與多層性就是兩者對立的根源所在。

　十九世紀日本治台之後，台灣人的精神隨著台灣近代化的發展而有大幅的改變，即使把這種大改變稱爲「文明信仰的改變」也不爲過，因爲，就台灣人的精神史來看時，近代以前和近代以後相比較，像是截然不同的兩種人種。

　譬如，支撐近代文化的「民族主義」的成熟度似乎就是如此。近代民族的形成是近代資本主義發展之後的歷史性產物，一般而言，民族的概念是「心理學」的，不是「人種學」或「人類學」的概念，因此，也具有同一國家主權下的

「國民」概念。

另外，近代的民族意識，在文化高度發展的近代市民社會之中，也是慢慢形成的精神現象。民族這個東西是主觀性的存在，有賴於民族意識的力量，絕不是先有民族之後，民族意識才跟著過來，「近代民族」是從這種成熟的民族意識之中產生出來的東西。

台灣和中國的民族主義，都是在十九世紀末期到二十世紀初期之間產生出來的東西。至今，中國的民族主義之所以尚無法成熟，主要是大中華民族主義之故，因為，大中華民族主義毫無理性的把蒙古、西藏和維吾爾等民族都吞噬在內。

由於中國的市民社會尚未成熟，因此，即使有皇天思想下的「生民」，也無法孕育成為「國民」；加上，在以「世界革命、解放人類、國家消滅」為目標，和長期以來想建立一個用階級否定民族的社會主義之下，遂使得民族意識和國家意識有所欠缺。因此，即使到了今天，如果不鼓吹「大中華民族主義」和「愛國主義」運動的話，就無法維持現在的體制。

雖然很多日本人把台灣人視為是中國人，但台灣的知識份子卻認為，日本人和朝鮮人倒比較像中國人，這種看法的根據，除了生物學方面之外，也考慮到中國文化的影響程度。比起日本和朝鮮受到中國數千年期間的強烈影響，台灣受中國文化的影響卻只有兩百餘年而已。

其實，不管是文化性或文明性，台灣類似日本的程度

比中國還高。巴基斯坦人和印度人擁有相同的祖先、相同的語言，但巴基斯坦人改信伊斯蘭教之後，就和印度人水火不容，台灣和中國的關係也像這樣，當然這並不是因爲日本的緣故。

在國家安全上，台灣和日本有唇齒相依的關係，台灣的國家體制和經濟制度也酷似日本；另外，兩者也擁有共同的文化面、國民性、價值觀、歷史觀和世界觀；至於對人類共有的普世價值，例如維護自由民主的使命，台灣和日本也是生死與共的。日本的文化人對這麼多存在於台日關係之間的共同東西，到底知道多少呢？

◎選擇做爲日本人的台灣人

清朝把台灣割讓給日本時，日本依據當時的國際潮流，決定讓台灣居民自由選擇國籍，准許他們自己選擇當清國人或日本人。1897年3月19日，台灣總督府在管轄的政府單位中，貼出了「台灣居民身份處理辦法」的告示，依據當時的規定，若選擇舊國籍（清國）時，必須要在期限內離開台灣，但據說至1897年5月8日的國籍選擇最後期限，向政府單位登記離開台灣的人數只有四千五百人。

同樣的事情，也出現在德法戰爭後的1871年的歐洲，因法蘭克福和平條約而需將阿爾薩斯洛林（Alsace-Lorraine）割讓出去的法國，對該地區的居民賦與選擇國籍的自由，據說選擇舊法國國籍的人佔了10%，雖然10%已被認爲是很低的數

字，但台灣卻更低，因為選擇舊國籍者只有0.16%。

　　這應該是當時台灣人具有民族國家意識的最佳寫照。尤其，從1904年的日俄戰爭的台灣人態度來看，更可一目瞭然。

　　如果本身的認同是清國、或認為自己是被壓抑的被殖民者的話，那麼，以一般的常識來想，日俄戰爭當時波羅的海艦隊通過台灣附近海面之際，台灣人即使高呼「反日抗日」，並齊聲歡迎應該也是理所當然的事，因為俄羅斯是超級大國，預料日本戰勝的機率不高，這時候正是讓「台灣民主國」復活的千載難逢的好機會，當然應該把握住這個機會。

　　然而，實際上卻相反，日本當時募集的戰爭國債資金，台灣是繼東京和大阪之後，排名第三的最有貢獻地區，而以辜顯榮和陳中和為首的台灣富豪，更全力利用漁船來收集台灣周邊海域的俄羅斯艦隊的情報。

　　正因為如此，所以日本的勝利對日本人和台灣人都有很大的影響。在近代史上，日俄戰爭是日本帝國面臨的最大危機，對亞洲世界來講，日本的勝利是天大的消息。當日本勝利的消息傳到台灣時，在台北市台灣人聚集的艋舺和大稻埕，都以提燈遊行來慶祝。這是日本佔領台灣未滿十年時發生的事。

　　為了祭祀台灣第四任總督、日俄戰爭的英雄兒玉源太郎（1852～1906）而在日本神奈川江之島所興建的神社，其興建費用全部都是由台灣人捐款籌募的，籌募神社興建費十一萬

日圓的當時，在日本只募集到三千日圓，相對的，在台灣一開始募集資金後，據說只花了兩週的時間就全數募足，甚至三尊半身大理石雕像還是由台灣人向義大利所訂購的。

這種現象，難道不是和近代國民國家的意識形成有強烈的關係嗎？台灣大部分的老年人，都會有這樣的經歷：出生時是清國人，之後則是日本人和中國人。這些人都是被時代作弄的人，具有必須摸索自己到底是何種人的宿命。

謝介石也是被時代作弄的代表人物之一，他從清國人到擁有日本國籍、中國國籍以至滿洲國籍，可說是那種時代中少見的國際性人物。

1935年9月27日，滿洲國駐日大使謝介石，利用施政四十周年台灣博覽會（1935年10月10日）的機會，帶領二十名部下搭乘大和郵輪抵達基隆。故鄉新竹市，當時也有他衣錦榮歸的足跡。

抵達台灣當天，日本和滿洲兩國的國旗迎風飄揚，車站前和前面的道路聚集包括青年團、壯丁團、工商職校的學生和中小學兒童在內的大批市民，夾道歡迎謝介石等一行人，謝介石這時的年齡是57歲。

謝大使雖然是滿洲國駐日大使，但是，他在接受《台灣日日新報》訪問時，卻這樣回答：「我離開台灣已三十多年，其間，從來沒有說過自己不是台灣人，即使是當上外交總長、參議、甚至特命全權大使，我也經常說自己本來就是台灣人。即使是面對皇帝，我也報告說自己本來就是台灣人。」又說：「反觀另一方面的中國，二十多年來，革命之

後又是革命，戰亂接連不斷，民不聊生。如果台灣沒有成爲日本領土的話，則今天的台灣究竟會變成怎樣的狀態實在是無法知道。」

從這些發言資料看來，屬於多國籍人物的謝介石，擁有怎樣的自我認同、歷史觀和世界觀不言而喻。曾經留學日本、最初在拓殖大學擔任台語教師的他，其履歷如下：

1878年生於新竹市，進入台灣總督府直轄國語傳習所和新竹國語傳習所學習，之後，自稱是「伊藤博文」的隨行口譯，不過，眞假尙無法斷定。

張勳復辟、成立滿洲國和推舉皇帝的主張，使他從拓殖大學的台語教師，歷經滿洲國第一任外交部長和駐日大使，其間，還與不少歷史事件有所糾葛。在經歷上，他也是充滿謎樣的人物，35歲時因新竹廳長里見的推薦，而以中國東三省地區家庭教師的身份進入滿洲國，在三年後的1916年才歸國返鄉，據說當時曾遭匪徒襲擊，錢財被搶劫一空，返鄉之後頗有懷才不遇的感嘆，不過，最後還是被遴選爲台灣協會學校（拓殖大學的前身）的教師、張勳的家庭教師、甚至溥儀皇帝的教師，成爲建立滿洲國的有功人員。

◎外省人的中國人意識和「新台灣人」的誕生

台灣在2004年舉行第三屆台灣總統直接選舉，尋求連任的陳水扁總統再度當選後引起大家的矚目，而之前的第二屆

總統選舉（2000）則有四位不同「省籍」的候選人打熱了選戰。

陳水扁是講台灣話的福佬人（閩南系台灣人），宋楚瑜是講北京話的大陸系外省人（湖南省），連戰是外省人母親和福佬人父親的半外省人（台灣話叫做半山），最後一位則是講客家話的台灣客家人許信良。

這種「省籍」的不同，成為選舉戰線得以擴大的重要因素，為什麼呢？因為台灣的政治版圖主要是以「何種人」做為基礎，然後再結合個人的人格特質和受歡迎的程度而成。

充分利用這種台灣人的「省籍」意識的人，是1998年台北市長選舉中的李登輝和馬英九，當時的李登輝打出了「新台灣人」的理念。

這種「新台灣人」的理念是，不管福佬人、外省人或客家人等不同「省籍」，只要是在台灣出生長大的人就是台灣人。在李登輝當後盾的支援之下，馬英九順利當選了台北市長，也證明這種理念可以被每一個人所完全接受。

然而，過去以當「中國人」為傲的外省人，為什麼能夠接受「新台灣人」的理念呢？其實，對以當「中國人」為傲、看低台灣人的外省人來講，即使對「新台灣人」這種新人種的宣揚產生反彈也不足為奇。實際上，「新台灣人」的理念，早在60年代就已經開始流傳，李登輝並不是第一個把它掛在嘴上的人，但不管如何，為什麼在台北市長選舉時才被接受呢？

戰後，在國民黨的管制下，台灣人被徹底的痛擊，日

本人汲汲營營建構出來的近代化遺產，全部被中國人獨佔私吞，而且，台灣變成了中華民國的一個省份，台灣人被排斥在所有的社會舞台之外，這種文化的異質性和政治的不公平現象，造就了「外省人」和「本省人」的對立。

不過，在戰後的五十年內，經過不斷迂迴轉折之後，「外省人」也逐漸有「本省人」化的意識，這並不是吹捧誇示「族群融和」的假象，而是自然發生的意識變化。

李登輝對「新台灣人」的發言，只有「這不是無聊的選舉對策」的說明，和「從台灣人的悲哀脫離出來」的目標宣示。但李登輝在《台灣的主張》這本著作中，卻對「新台灣人」的意義有以下的解釋：

> 在這一片土地上共同成長、生活的我們，不論是原住民、是數百年前來的、或是數十年前來的，都是台灣人，也都是台灣的真正主人，我們對台灣的前途負有共同的責任。如何以對台灣的愛和疼惜同胞的情，化為具體行動，開創台灣更大的發展格局，是我們每一個「新台灣人」無可旁貸的使命。

「外省人台灣獨立促進會」雖然對「台灣人」和「新台灣人」不感到突兀，但另一方面，還是有一面接受「新台灣人」、一面強烈主張「中國人」意識的外省人存在，對這些人來講，不管有沒有「新」這個字，在他們強烈的潛意識中，台灣人的地位仍然是低於中國人的。

　若想要把「新台灣人」提高到「國民意識」的概念，首先，應該停止過去政治上的「撲滅台灣人意識運動」，其次，張貼在台灣學校內的「我是中國人」的標語，也必須改成「我是台灣人」。

　從「新台灣人」的理念之爭來看，台灣內部的外省人和本省人的對立，好像是兩個民族的對立，或者是「省籍」意識的對立，但實際上並非如此，而是國家認同的問題。

　所謂台灣人意識，係指對不管是那一個時代來到台灣這個島嶼的每一個人，都不問其省籍或國籍，全部都認為是「台灣人」。堅持自己雙親或祖先出身地的「省籍」意識，可以說是從外省人的認同喪失的危機意識之中產生出來的東西，而「新台灣人」主義正可以把這種東西加以融和，這就是外省人接受李登輝「新台灣人」理念的背後原因。自己是何種人的認同，絕不是被人逼迫出來的，但在中國，不管是西藏人或是維吾爾人卻全部被冠上「中國人」。

　李登輝讓台灣經歷1992年的國會全面改選和1996年的總統直接選舉的民主化過程之後，台灣的主權者似乎變成了台灣人，也就是說，支配者和被支配者已經沒有差別，跨越民族和文化的差異，愛台灣和為了繁榮台灣而努力以赴的人，全部都是「新台灣人」。「新台灣人」的主張，難道不是這樣嗎？

　李登輝更在美國的外交問題專業雜誌《Foreign Affairs》上，以〈台灣是主權國家〉為題發表了一篇論文，這篇論文也以日文在日本的《論座》（朝日新聞出刊）中發

表。

在這篇論文之中，李登輝這麼說（《論座》1999年12月號）：

> 為了傳達台灣人民的意思，本人在這裡想以「新台灣人」來稱呼台灣國民。所謂新台灣人是指自己或自己的祖先什麼時候來到台灣都沒有關係，也不管地區性的遺產或母語是什麼，只要是為了保護這個國家的繁榮和生存而奮鬥的人都是新台灣人。以新台灣人的意識和自覺做為基礎的新國家認同，應以台灣的利益為最優先，台灣的全部民眾在命運共同體的引導下，除了可讓國民間的立場獲得調和外，也可以對台灣的政治性發展方向提供民主性的妥協基礎。

即使是在戰後半世紀，台灣人意識還是很難成為台灣全體居民的共同意識，主要的原因是，外省人有「中國人」的意識。不過，在台灣人意識逐漸深化的今天，「新台灣人」意識應該很有可能在台灣生根茁壯。

◎日本人給予的「台灣人意識」

那麼，台灣人意識到底是如何產生的呢？恐怕，這是因兩種文化衝突所形成的東西吧！這兩種文化係指新外來掌控者的日本人和中國人之間的文化而言。然後，據一般推測，

台灣人意識在這一個世紀之中邁入了成熟的階段。

譬如，到十九世紀末期，台北的泉州人以萬華龍山寺、漳州人以開漳聖王廟、客家人以三山國王廟爲中心，分別創造了各自的經濟共同體，並透過抗爭來擴大勢力範圍。

日清戰爭後，台灣因爲馬關條約而割讓給日本，台灣的地方士紳和巡撫高官群起反對，窮極之策是迅速成立了「台灣民主國」，不過，這個「台灣民主國」雖然是台灣領導階層對日本統治的反對象徵，但卻沒有台灣人的民族意識的象徵。

明顯可見的是，當「台灣民主國」的總統唐景崧等政府高官聽到日軍登陸的報告時，就一哄而散逃亡到中國大陸去，而駐守台南、曾經是黑旗軍領袖的劉永福，也立刻丟下士兵逃往中國大陸，失去指揮官的清國士兵，就在台灣各地搶劫百姓和強暴婦女，一向生活在台灣的地方有力人士（商會和教會），看到這種悲慘狀況，爲了保護人民百姓，只好大家一心一意要求日軍進城。

日本政府經營台灣時，連過去列爲禁忌的山地也計劃進行統治，因此，日軍在台灣各地和保衛鄉土的民兵展開游擊戰。他們和聽到槍聲就鳥獸散的清國士兵不一樣，對日軍的攻擊都會勇敢的迎戰。不過，從當時的記錄看來，這種抵抗情形極少，日軍進入台北和台南城時，大部分都是被當作保護市民免於被清軍搶劫的力量而大受歡迎，甚至日軍在進行地方壓制時，也會有居民提供情報或自願擔任嚮導，有些街道更以管弦樂隊來歡迎日本官員。

之後，日語因為日本的統治而普及，過去從來沒有共通語的台灣，開始出現日語這種共通語，如此一來，各語族變成了一體，共通的台灣人意識也因此能夠被培養出來，不是嗎？有人這樣推測。

再加上長達五十年日本統治時代的近代化社會建設，以及各少數民族跳脫閉鎖性經濟社會共同體，開始熟悉日本的近代民主社會，如此一來，台灣人意識遂在日本長達半世紀的統治之下成熟，不是嗎？

而戰後取代日本人、自中國進來的國民黨開始統治台灣，則是讓這種台灣人意識獲得再度確認的機會。終戰當時的台灣人口有六百萬人，之後，隨著國民黨軍隊渡海來到台灣的軍人和難民高達兩百萬人。

台灣居民對「祖國」的軍隊，為了台灣而終於來到台灣大表歡迎，不過，不久立刻發現這是一種幻想，因為，國民黨軍隊對台灣人展開了壓抑性的恐怖政治，使台灣人和中國人產生了激烈的民族對立，以致1947年發生「二二八事件」，國民黨對台灣人進行大鎮壓，很多的知識份子在這時被屠殺，台灣人也就在這時候再度確認了自己的台灣認同。

從中國人的角度來看，由於台灣人已經被日本人灌輸了「奴化教育」的毒素，因此有必要對台灣人進行做為中國人的再教育（再改造）。不過，這時候的台灣人，已經在日本時代的政治、社會和文化運動的培養之下，建立了一個具有做為台灣人的民族意識的基礎。

這兩者的對立，因長期獨裁統治的社會不公平和不信

任而更爲激化，之間的鴻溝只增無減。面對人數較多的台灣人，中國人應該也有做爲少數者的害怕心態吧！因此，爲了反制，逐把對台灣的近代化有所貢獻的日本人的銅像、紀念碑和墓碑逐一破壞，設法把台灣歷史的共同記憶和象徵全部抹去。

另外，也禁止學校和電視使用台灣話，以「台灣」爲名的團體名稱更被視爲是「反中國」而加以禁止，接著，在學校開始實施中國人意識的教育，教授中國的歷史、文化和地理以推展中國化，地名和建築物也改爲中國式的名稱。

但中國人終究是少數的外來統治者，管制的界限有朝一日必定會來臨。做爲蔣經國後繼者的李登輝成爲總統的這一天，正是它來臨的時候，因爲，李登輝將慢慢且巧妙的朝著台灣化邁進。

台灣的台灣化也同時帶來了民主化。1990年代以後的台灣，台灣化更隨著民主化而自然演進，結果，建立了現在的「中國化＝物理性暴力的社會」和「台灣化＝主權在民的社會」的基本結構圖。今天，針對自己是台灣人或中國人、或者兩者都是所做的意識調查，回答是台灣人的人數正在逐年增加之中，台灣人意識已經超越了中國人意識。

◎台灣人對被看做中國人感到恥辱

即使是今天，台灣還是存在著以日語來寫和歌的老年人，他們使用日語並不是極度崇拜日本、或是對日本人阿諛

奉承，而是他們在戰後並沒有接受國民黨的北京話教育，以致無法使用北京話來說話。但，比起這一點，其實他們更不願被當作中國人來看。

年紀大的台灣人，之所以認為「我曾經是日本人」，主要的原因是，他們的心和日本人一樣，他們是瞭解日本人之心的台灣人世代。的確，他們真的認為日本人是「以心傳心」來獲得信任的。如果這些年紀較大的台灣人相繼過世的話，則真正瞭解日本人的知日派應該也會在亞洲消失不見。

終戰後的台灣人，在一夜之間突然從「日本人」變成了「中國人」。接著，新聞和雜誌不久也變成了北京話，剝奪了台灣知識份子的文字媒介，尤其，一向以日語來寫小說的文學工作者，必須要轉換成完全不同的語言。

台灣的日語世代，思考方法和價值觀都像日本人，這種情況就像電腦一樣，硬體雖然是台灣製，但軟體卻是日本製，即使到現在，他們還是頑固的不想改變成中國製的軟體，因為，他們對中國是那樣的不信任和強烈的反彈。

一般認為，不管是大中華民族主義或是台灣民族主義，它們的誕生契機都是源自日清戰爭，之後的日俄戰爭當然也對亞洲國家造成很大的刺激。雖然都遭受到相同的刺激，但是，中國和台灣卻在政治基礎和精神史的民族意識的累積上，出現了不同的結果。

大中華民族主義誕生於各列強的侵入和繼承清國遺產的這種歷史環境之中，然後在這個基礎上，又歷經軍閥內戰和國共內戰，才建立了以大漢民族主義為核心的各民族總體

意識形態。另一方面，台灣民族主義是在日本這個新統治者之下誕生的，並經過近代社會運動和殖民地解放運動的洗禮後，才培育出近代民主社會意識。

從以上不同的背景來看，大中華民族主義的目標是從歷史地基來擴大掌控範圍，似乎擁有整合性的性格。相對的，台灣民族主義則是以從掌控變成解放、從整合變成分離獨立做為目標。

這種完全不同性質的民族意識，因為國民黨的台灣統治而正面碰撞衝突起來，其結果是，台灣人的反中國人意識更為強烈，決定和中國訣別。

毛澤東曾說：「槍桿子裏面出政權」，同樣的，「大中華民族」也是從槍口下誕生的。要維持從暴力誕生的東西，畢竟還是必須依靠暴力，西藏人和維吾爾人之所以被摧殘就是這個道理，只有暴力才能創造出夢幻似的「大中華民族」，這就是「大中華民族」的原理，也是它的弱點所在。

相反的，「台灣民族」是被培育出來、而不是被槍桿造就出來的東西，「民族」的概念絕不是「人種學」或「人類學」的概念，而是「心理學」的概念，也是和國家主權下的國籍無法分割的「國民概念」。

所謂民族，應該是從同一語言、同一領土、相同經濟生活和長期共同的歷史經驗孕育出來的東西，而不是像「大中華民族」那樣以暴力強逼出來的。民族的單位也是歷史的單位，在同一民族當中，如果沒有特殊的、或可留下記憶的歷史事件的話，則民族意識的存在與否就很難說了。

　　近代民族的形成，是近代資本主義發展過程下的歷史產物，其中，各民族都有各自的歷史過程，並各自建立了國民國家，這就是我們眼中所看到的世界史。當然，台灣民族也是台灣近代史的歷史產物，雖然今天還正在被培育爲新興民族，還不是成熟的老大民族，但卻已經擁有「台灣人的悲哀」的共同歷史意識。

◎剝奪國家和國民意識的「和平愛好者」

　　另一方面，明治時代的日本人，其實是有強烈的日本人意識和國民意識的，同時，也富有進取的精神，積極的想要引進新時代的精神，這也就是眾所周知、成爲當時「文明開化」和「脫亞入歐」的日本社會意識的主流。

　　當然，日本民族主義的風潮也因急遽的歐化而產生，不過，這種反彈也有日本人的國家意識和國民意識在後面支撐著。另外，日本人之所以擁有相當程度的世界主義意識和世界公民意識，主要是受到大正時期的民主政治和社會主義的大幅影響所致。

　　日本人高漲的公民意識，仍然繼續在二十世紀前半世紀的列強對峙時代中流動著，這也就是爲什麼日本在戰爭時期中，「非國民」會被嗤之以鼻的原因，強烈的國民意識已遠超過想像。

　　日本人否定國家和國民主義，並進而以成爲世界公民爲目標的想法，是從戰後才開始的。戰後，反日的日本人，

尤其是反日的知識份子，變成了社會的主角，他們開始否定國旗和國歌，否定傳統文化和傳統價值觀成為社會意識的主流。

或許這也是沒辦法的事，為什麼呢？因為，戰後日本遭遇到的國體變更，改變之大足以和大化革新和明治維新互相匹敵；另外，戰後的日本人之所以開始否定戰前的日本，或許是戰敗的衝擊太大之故。所以，想自戰敗的教訓中成為和平國家的要求非常強烈，也因此才想要一面強調市民主義、一面否定國家主義。

趁著這個餘威，反日的日本人集團雖然無法掌握日本的政治和經濟，但卻能對教育和大眾媒體產生相當大的影響力。此外，他們也透過各式各樣的和平運動，來推動反日和反美的市民活動，即使到今天，他們也還想要否定靖國神社參拜和有關生存權的安全保障問題。

不管怎樣，他們的理想目標是「世界革命、解放人類、消滅國家」，然後，認為舊蘇聯、中國和北韓是人類的理想社會，懷抱著「人類全部是兄弟」和「世界一家」的夢想而展開活動。

這種戰後日本人的幻想，就如同「和平憲法」所顯示的那樣，憲法的前文雖然有「信賴愛好和平的鄰近國家」的歌頌文字，但這些鄰近日本的國家卻絕不是「愛好和平」的，不僅如此，同一民族本身還互相殺伐，像中國的國共內戰、朝鮮戰爭、越南戰爭、柬埔寨內戰等等，不勝枚舉。現實明明是這樣，日本人卻特意閉起眼睛，寧願歌頌「愛好和

平」，相信不存在的虛構。這種扭曲現實的虛幻，最後成爲
戰後新誕生的日本市民主義的本質，然而，這個本質除了喪
失國家意識外，並沒有從裡面產生任何新東西。

　　另一方面，中國歷經文化大革命之後，開始以改革開放
爲目標，想要結束社會主義的路線，過去曾經讚美蘇聯和東
歐的社會主義爲人類樂園的一批人雖然還存在，但今天它的
假面具已經被揭開了，以北韓來講，全世界已經慢慢開始瞭
解到，今天的北韓只不過是金氏家族的獨裁國家而已。

◎策劃阻止李登輝訪日的日本學者與
　政治家

　　二次大戰結束後，中國馬上掉入國共內戰的泥淖。之
後，蔣介石率領著六十萬國民黨軍、以及官僚和難民，總共
兩百萬人逃到台灣，他們把台灣當成最後的碉堡，繼續高喊
著「反共抗俄、反攻大陸」。

　　另一方面，在國共內戰中得勝的共產黨人民解放軍，不
久成立了中華人民共和國，拚命建設社會主義的社會，喊出
「十五年超越英國，於二十世紀趕上美國」的口號，一面盲
目蠻幹，一面大言不慚的說「東風壓倒西風」。中國人這種
精神上的誇大和自信，應該是在其他時代之中看不到的吧！

　　1960年代的日本國內，相信中國是「沒有蚊子、蒼蠅和
小偷的地上樂園」，甚至認爲「最後日本人會向中國跪求恩
賜」。但，之後中國在大躍進中失敗，經歷了「十年浩劫」

的悲慘文革，接著，又因所有的運動、改革和革命都遭受失敗，而不得不從自力更生轉換爲改革開放的路線。

進入80年代之後，中國不僅對日本的國家主權問題事事插嘴，也對教科書問題和靖國神社問題表示意見。到了90年代時，中國還繼續干涉日本的內政，對表明想要參加廣島亞運的李登輝訪問日本也要加以阻止，結果，日本屈服於中國的壓力，拒絕李登輝出席，這不僅是中國干涉日本內政的問題，同時也是日本喪失主權的問題。

中國阻止李登輝拜訪日本的理由，主要是李登輝「媚日」、「賣國奴」、「是丟在歷史垃圾箱的人」，所以不應該訪問日本。其實這完全和日本無關，只是中國的片面之詞，無法讓人接受。對於這一點，李登輝這一邊主張說，台灣和中國是「國與國的關係」，中國只是無法承認「兩個中國」或「一中一台」的現實，台灣和中國的關係就像日本和中國一樣，沒有任何主從關係或隸屬關係。

在這種互相對立的主張之中，日本的態度又如何呢？其實，日本的態度也是依據那些向中國阿諛奉承的政治家和專家來決定，也就是說，親中的社會黨、自民黨和公明黨的土井高子、河野洋平、田中眞紀子等政治家，乃是決定日本方針的一群人。

河野洋平等人只是跟著中國政府的主張人云亦云而已，認爲對李登輝這種具有影響力的人物應該採取愼重的處理態度。既然他們這麼喜歡沒有影響力的人物，那麼，應該會大爲歡迎從中國逃出來的船上難民吧！

　　最後，李登輝雖然於2001年訪問日本，但這卻是日本醫生要求對李登輝進行心臟手術的結果。可見，日本方面以人道考量做為條件而准許李登輝的拜訪，而不管其最後結果的理由是什麼也盡可能不要觸怒中國，這才是日本的真正本意。

　　接著，慶應大學的學生社團於2002年邀請李登輝到學校進行演講，當李登輝向日本政府提出護照申請時，中國外交部立刻對日本政府施加壓力說：「中國方面一貫反對李登輝以任何名目到日本從事訪問活動。」之後，學校當局、日本外務省和親中派政治家，開始一連串的阻止李登輝訪日的動作，最後也如願以償的取消演講，讓日本政府以申請理由與事實不符的名目拒絕發給簽證。對日本政府這種等同於放棄國家主權的做法，美國的輿論揶揄日本是中國的「周邊國」或「戰略歸屬國」。

　　中國對李登輝偏袒日本的「釣魚台是日本領土」的發言也相當不滿，另外，李登輝也主張「台灣和中國是不同的國家」。正因為台灣不管遭受中國多大的非難也不痛不癢，所以才有這般的言行。

　　問題在於日本政府。中國外交部反對李登輝訪問日本的理由，雖然歸咎於「釣魚台是日本領土」的發言，但日本政府卻接受了中國這種說法，換言之，日本也很有可能正式承認釣魚台是中國的領土。這是根據國際法所做的政治性判斷。

　　對日本來講，李登輝即使不具有任何危險性，但從中國

政府的角度來看，他卻非常具有政治性意義，因此，如果中國政府討厭這件事的話，日本也是可以唯命是從的。而這也是可以讓中國感到驕傲的地方，中國可對世界各國說：「連日本這種大國也對我們唯命是從，只有李登輝這樣的人才會反抗中國。」

另一方面，主張釣魚台的主權屬於中國和台灣的宋楚瑜，則獲得日本的訪問許可。宋楚瑜是親中派的政治家，曾在2000年的總統選舉之中，被現在的陳水扁總統以些微差距擊敗，而為了再度向2004年的總統之路挑戰，宋楚瑜於2003年3月到日本訪問。日本政府因李登輝主張釣魚台是日本領土而拒絕李登輝拜訪，但卻核准主張釣魚台是中國領土的宋楚瑜踏入日本，而且，宋楚瑜還是為了政治性活動而訪問日本。

這種事正足以顯示日本戰後的國家性格。戰後，日本的國民對領土主權的問題極度不關心，對釣魚台的歸屬問題，抱著想要的人就可以拿去的無所謂態度。尤其，外務省為了避免處理麻煩的領土問題，反而對人民恫嚇說爭取領土主權是必須要有相當的覺悟才行，不僅釣魚台如此，對竹島和北方四島的態度，日本政府也完全沒有想要維護的氣氛，似乎可以看到完全放棄爭取主權的態度。

比較嚴重的是，不僅政治家這樣，連日本的中國專家和學者也讓人不得不懷疑他們到底是不是日本人？特別是李登輝於2002年拜訪日本時，慶應大學的小島朋之教授頑強反對，反對的理由雖然明白的刊登在《產經新聞》和

《Sapio》雜誌之中，但令人驚訝的是，他的理由居然只是為了保持自己的面子，而不是什麼國家天下的大義名份，真是不像話。

針對這件事，帝京大學的高山正之教授於《THEMIS》（2003年1月號）月刊上，以〈反對聘請李登輝的慶應大學小島朋之教授的「面子」──不斷對中國卑躬屈膝的大學教授毀滅了日本〉為題，發表了一篇尖銳的文章。

高山教授在文章中提到：

> 他是中國問題的權威，對訪日問題寄出一封電子郵件給李登輝先生，內容像是恭維有加，但其實很輕蔑，以口語化來講就是這樣：「我雖然是李先生的日本聯絡窗口，但你卻忽視我而要來日本，這是什麼意思？我的面子因為你而完全掃地，大家都把我當作傻瓜在看，這次的日本行程應該取消，如果無視於這個建議的話，那麼，今後的日台關係究竟會變成如何可就不知道了。」

其實，比起「面子」，日本人應該會比較重視「尊嚴」，但小島教授或許是中國的專家，所以受到中國人強烈的「學術上的影響」也說不定，因此，才被「面子」所左右而做出無法理喻的行為，不是嗎？

如此這般，戰後的日本人，與其說是丟人現眼，倒不如說是悲哀，日本人已經失去了很早以前的武士道精神。失去

武士道精神的現代日本人，沒有勇氣、責任感和正義感，也有極爲嚴重的疑心病，然後，保身主義和利己主義四處蔓延著。

因爲這樣，所以小泉首相的靖國神社參拜即使受到中國的批評，也不會有任何的反駁出現，不僅如此，對一個國家的首相被拒絕到中國訪問的侮辱，也只有一個「忍」字而已。

因爲，大家害怕會發生這樣的事：凡是描寫中國的眞相、懷疑中國捏造歷史、刊登消息破壞「中日友好」的人，就會被中國當局逮捕；或者，發表對中國不利的言論，專門研究中國的教授也會被解除大學的榮譽職位，並被拒絕共同研究。所以大家都噤若寒蟬。

日本的學者和新聞記者，在「如果報導什麼不好的消息就不發給簽證」的威脅之下，就只能寫一些迎合中國的事。而在外務省內部，如果不是屬於「中國學校」（China School）的人，就不要想會出人頭地。這種現狀是非常悲哀的，因爲，有勇氣的日本人已隨著戰敗而死掉了。

在戰後的日本知識份子之中，到底有多少人膽敢對中國的干涉內政和捏造歷史提出異議呢？難道只委託台灣的學者來揭發中國捏造歷史的醜態就可以嗎？即使從日本人的良心和良知來看，這也是大有疑問的。

結　語

東京市長石原愼太郎於《產經新聞》（2000年6月11日）的連載專欄「日本啊」之中說，即使到今天還是無法忘記台灣人的「武士面孔」。這是2000年5月20日發生的事情，當時，石原市長參加了陳水扁總統的就職典禮，他對隨行的記者說，陳總統是一位「眼光銳利」、「爲了台灣獨立而一路拚戰出來的政治家」。

另外，他看到參加這個典禮的前總統李登輝退席時的樣子，也說：「無法忘記那種清爽的表情」、「那正是武士的面孔」、「盡力拚戰後的晴朗清澈的武士表情」、「李先生的志向只有『愛國』，這是他一生眞摯不變的志業。」

接著，對新上任的呂秀蓮副總統，他這樣說：「姿態雖然豐腴優雅，但雙眼銳利的眼神其實是不遜於陳總統的。」相較於中國媒體毀謗呂副總統是全球最醜的「醜女」，這倒是非常大的讚揚。

筆者是在1975年的時候認識呂秀蓮女士，在當時她就是一位精明果斷的美人。對中國新聞毀謗她的報導，石原先生冷靜的回應說：「如果是這樣的話，那已經不是小家子氣了，而是政府的品格問題。」

　石原先生在總統就職典禮之中所看到的，是恐怕連日本政治家也很少具備的銳利眼光和晴朗清澈的「武士面孔」，不是嗎？堂堂與中國交鋒的李登輝先生，之所以能夠吸引很多日本人，就猶如台灣媒體所分析的：「因爲他具有日本人所失去的武士道精神的勇氣和正義感。」

　前輩黃昭堂先生（昭和大學榮譽教授、台灣總統府國策顧問）曾經對筆者這麼說：「在台灣大學的學生時代，外省人（中國人）室友說，剛來到台灣時認爲台灣人的面孔是可怕的，因爲面孔不僅和中國人完全不同，說話方式和行爲也都和日本人相似，而這就是過去日本人以銳利眼神、嚴肅行爲和果斷來震懾其他人的『武士』面孔。」

　2003年9月6日，台北舉行了「台灣正名運動」的遊行。這是目前的台灣政府準備將台灣的正式名稱從「中華民國」更改爲「台灣」的「正名運動」。活動當天，包括日本在內，從各地來參加的人總共有十五萬人，氣氛非常熱烈，筆者也從日本趕來參加。在那一天所看到的，都是具有銳利眼神的「武士」面孔，令筆者相當感動。

　以地方議會團體爲首來參加的日本人共計兩百人左右，在超過一小時以上的三十七度炎熱氣溫下，走在第一團（分爲七團、集合地點不同）的最前面，朝著總統府的廣場前進，每一個人的面孔維持著精悍且無私無欲的清爽表情。看到這種狀況，筆者不禁聯想到幕府末期的維新志士和獻身於辛亥革命的日本志士，讓人感受到這是一種分擔痛苦的精神，也是燃燒正義感的武士情懷。

　　筆者已在日本住了四十年，其間，並未成為漢學或日本學的權威，不過，卻獲得了非常珍貴的體驗，尤其是培養出了利用私生活來觀察日本人和中國人的冷靜能力。對筆者來講，這種觀察力是非常珍貴的東西，因為日本人和中國人是具有天壤之別的人種。

　　如果以最簡潔的語句來形容這兩種民族的「小同大異」的話，則應該可用中國人是「詐」的民族、而日本人是「誠」的民族這樣一字來表達，兩個民族的所有言行的根源就在這裡。

　　「誠」是日本文化和日本精神的根源。所謂武士道精神，就是以這個「誠」或「眞」做為基礎來追求「美」的精神，這是筆者所理解的。

　　在台灣的精神土壤上追求戰後日本人逐漸失去的這個精神性根源，正是本書的目的。如果能夠讓各位讀者知道這些東西的話，那麼，即使只是一點點，筆者也感到十分榮幸。

台灣
經典寶庫
Classic Taiwan
7

李仙得台灣紀行

南台灣踏查手記

原著│ Charles W. LeGendre（李仙得）

英編│ Robert Eskildsen 教授

漢譯│ 黃怡

校註│ 陳秋坤教授

2012.11 前衛出版 272頁 定價300元

從未有人像李仙得那樣，如此深刻直接地介入1860、70年代南台灣原住民、閩客移民、清朝官方與外國勢力間的互動過程。

透過這本精彩的踏查手記，您將了解李氏為何被評價為「西方涉台事務史上，最多采多姿、最具爭議性的人物」！

節譯自 *Foreign Adventurers and the Aborigines of Southern Taiwan, 1867-1874*
Edited and with an introduction by Robert Eskildsen

台灣經典寶庫 **6**

C. E. S. 荷文原著
甘為霖牧師 英譯
林野文 漢譯
許雪姬教授 導讀

2011.12 前衛出版 272頁 定價300元

被遺誤的台灣

Neglected Formosa

荷鄭台江決戰始末記

1661-62年，
揆一率領1千餘名荷蘭守軍，
苦守熱蘭遮城9個月，
頑抗2萬5千名國姓爺襲台大軍的激戰實況

荷文原著 C. E. S.《't Verwaerloosde Formosa》(Amsterdam, 1675)
英譯William Campbell "Chinese Conquest of Formosa" in《Formosa Under
the Dutch》(London, 1903)

回憶在滿大人、海賊與「獵頭番」間的激盪歲月

Pioneering in Formosa

歷險
福爾摩沙

台灣經典寶庫5

W. A. Pickering
（必麒麟）原著

陳逸君 譯述 ｜ 劉還月 導讀

19世紀最著名的「台灣通」
野蠻、危險又生氣勃勃的福爾摩沙

Recollections of Adventures among Mandarins,
Wreckers, & Head-hunting Savages

前衛出版
AVANGUARD

台灣經典寶庫 4

封藏百餘年文獻
重現台灣
Formosa and Its Inhabitants

密西根大學教授
J. B. Steere（史蒂瑞） 原著

美麗島受刑人 **林弘宣** 譯

中研院院士 **李壬癸** 校註

2009.12 前衛出版 312頁 定價 300元

　　本書以其翔實記錄，有助於
我們瞭解19世紀下半、日本人治台
之前台灣島民的實際狀況，對於台灣的史學、
人類學、博物學都有很高的參考價值。

—— 中研院院士 **李壬癸**

　　本書英文原稿於1878年即已完成，卻一直被封存在密西根大學的博物館，直
到最近，才被密大教授和中研院院士李壬癸挖掘出來。本書是首度問世的漢譯
本，特請李壬癸院士親自校註，並搜羅近百張反映當時台灣狀況的珍貴相片及
版畫，具有相當高的可讀性。

　　1873年，Steere親身踏查台灣，走訪各地平埔族、福佬人、客家人及部分高山
族，以生動趣味的筆調，記述19世紀下半的台灣原貌，及史上西洋人在台灣的
探險紀事，為後世留下這部不朽的珍貴經典。

甘為霖牧師

素描
福爾摩沙

Eslite
Recommends
誠品選書 | 2009.OCT 二〇〇九‧十月

Wm Campbell

一位與馬偕齊名的宣教英雄，

一個卸下尊貴蘇格蘭人和「白領教士」身分的「紅毛番」，

一本近身接觸的台灣漢人社會和內山原民地界的真實紀事……

譯自《*Sketches From Formosa*》(1915)

原來古早台灣是這款形！
百餘幀台灣老照片
帶你貼近歷史、回味歷史、感覺歷史……

前衛出版
AVANGUARD

誠品書店
www.eslite.com

福爾摩沙
紀事
From Far Formosa
馬偕台灣回憶錄

19世紀台灣的
風土人情重現
百年前傳奇宣教英雄眼中的台灣

前衛出版
AVANGUARD

台灣經典寶庫
譯自1895年馬偕 著《From Far Formosa》

國家圖書館出版品預行編目資料

日本留給台灣的精神文化遺產／黃文雄 著.
洪平河 譯. -- 初版. -- 台北市：前衛, 2008.06
288面；15×21公分

ISBN 978-957-801-591-3(平裝)

1. 台灣文化 2. 文化遺產 3. 日據時期

733.409   97007506

日本留給台灣的精神文化遺產

著　　者　黃文雄
譯　　者　洪平河
責任編輯　周俊男
美術編輯　宸遠彩藝
出 版 者　台灣本鋪：前衛出版社
　　　　　10468 台北市中山區農安街153號4F之3
　　　　　Tel：02-2586-5708　Fax：02-2586-3758
　　　　　郵撥帳號：05625551
　　　　　E-mail：a4791@ms15.hinet.net
　　　　　http://www.avanguard.com.tw
　　　　　日本本鋪：黃文雄事務所
　　　　　E-mail：humiozimu@hotmail.com
　　　　　〒160-0008 日本東京都新宿區三榮町9番地
　　　　　Tel：03-33564717　Fax：03-33554186
出版總監　林文欽　黃文雄
法律顧問　南國春秋法律事務所林峰正律師
總 經 銷　紅螞蟻圖書有限公司
　　　　　台北市內湖舊宗路二段121巷19號
　　　　　Tel：02-27953656　Fax：02-27954100
出版日期　2008年06月初版一刷
　　　　　2014年10月初版三刷
定　　價　新台幣280元

©Avanguard Publishing House 2008
Printed in Taiwan　ISBN 978-957-801-591-3

＊「前衛本土網」http://www.avanguard.com.tw
＊請上「前衛出版社」臉書專頁按讚，獲得更多書籍、活動資訊
　http://www.facebook.com/AVANGUARDTaiwan